让成交只需一句话

罗品牌 著

成为销冠

108招高效能销售话术

海洋出版社

图书在版编目（CIP）数据

成为销冠：108招高效能销售话术 / 罗品牌著．
北京：海洋出版社，2024.7 （2024.11 重印）.
ISBN 978-7-5210-1274-3

Ⅰ．F713.3；H019

中国国家版本馆 CIP 数据核字第 2024HR1682 号

成为销冠：108招高效能销售话术

罗品牌 著

CHENGWEI XIAOGUAN: 108 ZHAO GAOXIAONENG XIAOSHOU HUASHU

策　　划：黄海香　朱　敬　汪忠勇
责任编辑：刘　斌
封面设计：黄　鸣
版式设计：杨淑琴
制　　作：柏　萍
责任印制：安　淼

海洋出版社 出版发行

网　　址：www.oceanpress.com.cn
地　　址：北京市海淀区大慧寺路 8 号
邮　　编：100081
印　　刷：咸宁市国宾印务有限公司
经　　销：新华书店
版　　次：2024 年 7 月第 1 版　2024 年 11 月第 5 次印刷
开　　本：880mm×1230mm　1/32
印　　张：8.5
字　　数：220 千
定　　价：59.80 元
发 行 部：010-62100090
总 编 室：010-62100034

海洋版图书印、装错误可随时退换

前言

嗨，你好呀，朋友！

我想正在打开这本书的你，大概率是一个对销售有着深深的热爱，对知识有着强烈的渴望，希望自己能不断进步的朋友。但是，在自我成长的道路上，你大概也有不少困惑吧。**或许，你感觉自己已经很努力了，每天花很多时间看书，学习各种销售技巧和策略，但业绩似乎并没有明显提升，仿佛一直在原地踏步。**面对层出不穷的新知识、新概念，你感到迷茫，不知道该从哪里学起，该把精力放在哪些事情上，怎样做才能真正突破业绩瓶颈，成为一名优秀的销冠。

你或许收藏了许多关于销售的文章，记了很多笔记，但真正遇到问题时，却发现那些知识很难派上用场。你甚至搜集了许多关于销售管理、销售技巧的书和资料，但依然不清楚自己应该积累哪些与销售密切相关的知识，以及如何将这些知识有效地应用到实际销售工作中。

别担心，你并不孤单，我曾经和你一样。

我们都知道，在销售领域里，语言承载着巨大的能量，优秀的销售员能够用语言瞬间打开客户的心扉，建立深切的信任；也可以化解客户疑虑，激发购买欲望；更可以巩固关系，为未来的合作铺平道路。

这些年来，我见证了无数销售员因掌握了有效的销售话术而使业绩飙升，也目睹了销售员因话术不当而错失良机的遗憾。作为一名在销售领域摸爬滚打多年的"老兵"，我深知销售话术的重要性，也亲身体验过话术带来的巨大转变。因此，我决定撰写这本《**成为销冠：108招高效能销售话术**》，将我在销售过程中的经验和心得分享给你，希望能对你们的销售工作有所启发和帮助。

这是一套更适合普通人使用的销售话术心法。里面没有许多形而上的理论框架，而是扎根在粗糙的现实地表之上，每一个话题都紧扣具体的问题。我通过一个又一个的案例，帮你真正去理解和应用销售话术，从心理学的视角去分析和做出判断。

因此，在这本书里，12章的内容涵盖了销售的各个环节，从开场白到异议处理，从价格谈判到促成交易，再到售后服务和拓展客户，每一个环节都有具体的话术和技巧。这些话术不仅实用，而且效果显著，能够帮助销售员更好地与客户沟通，建立信任，挖掘需求，推荐产品，处理异议，最终促成交易。

在撰写这本书的过程中，我始终秉持着深入浅出、通俗易懂的原则，力求让每一位读者都能够轻松理解并掌握其中的精髓。对于每一个销售话术，我都进行了详尽的背景介绍，让读者能够深入了解其背后的原理和适用场景。同时，我也对话术的实用性进行了深入分析，确保每一个话术在实际销售中的应用和成效，让读者能够更直观地感受到其威力和效果。

当然，更主要的一点是，**这本书不是一本销售活动的理论教程，而是拿来就用的实战指南。**当你在销售过程中的某一个环节"卡壳"或者有疑惑时，不妨翻开这本书，找到对应的心理因素，对照相应的销冠话术，或许，你就能够厘清思路，从而更加从容和自信地面对更多的销售挑战，在激烈的市场竞争中脱颖而出。

目录

第一章

销售话术原则

在销售领域,一句恰到好处的话语往往能"四两拨千斤",轻松打开客户的心扉,促成交易。俗话说,商场如战场。想要在没有硝烟的商场上立于不败之地,销售人员必须熟练掌握各种话术。从掌握主动权的果敢决断,到反问客户的机智应对,再到展现高情商的温暖贴心,每一个环节都考验着销售人员的语言艺术。接下来,让我们一起探索销售话术的一些原则,看看如何通过这些话术,一步步引导客户,实现销售与客户的双赢。

掌握主动权话术

想象一下，当你与客户坐在谈判桌前，谁将成为这场博弈的胜者？是滔滔不绝的你，还是沉默寡言的客户？其实，答案并非那么简单。真正的胜者，是那些能够掌控谈话节奏，把握主动权的人。

"谁提问，谁掌握主动权。"这是销售中的一条黄金法则。提问者，往往能引导谈话的方向，塑造对方的期望和认知。

在与客户交流的过程中，很多销售员或许会认为"主动权在我"。确实，对话初期你可能占据主动权，但随着交流的深入，你详尽地介绍完产品后，客户会开始提问或提出诸多要求，这时，主动权便悄然地转至客户手中。此时，订单的成败往往取决于客户的心情，因为节奏和主动权已经不再由你掌控。客户决定是否签约，而你只能被动等待结果。

因此，作为销售员，我们要学会提问。

记得有一次，我面对一位挑剔的客户，他对产品有着极高的要求。在他一连串的提问下，我始终保持冷静，没有急于回答他的问题，而是问他："您希望这款产品能解决您的哪些问题呢？"这样一问，谈话的主动权便转移到了我的手中。接着，我根据他的需求，有针对性地介绍了产品的特点和优势，最终成功拿下了这个订单。

在销售过程中，我们要学会摁住客户的话头，不要让客户牵着鼻子走。当客户提出无关紧要的问题时，我们可以微笑地回应："您的问题很有趣，不过我想先了解一下您的具体需求，这样我能更准确地为您推荐适合的产品。"这样既能避免被客户带偏方向，又能引导客户回到正题上来。

同时，我们要学会以专业的态度为客户提供建议。例如，当客户在选择产品时犹豫不决，我们可以说："根据您的需求和预算，我建议您考虑这款产品。它的性价比非常高，而且功能也完全符合您的要求。"通过提建议，我们不仅能塑造客户的期望，还能展现出我们的专业素养和责任心。

很多时候，唯有在提出建议之后，客户方能真切感受到你所提供的优惠。若你直接把物品推荐给客户，客户往往不会珍视。

切记销冠的座右铭："销售并非说服的艺术，而是让客户自我说服的艺术。"

当我们通过掌控谈话的艺术，引导客户自我发现需求、自我解决问题时，那么我们离销冠的宝座也就不远了。

反问话术

在销售过程中，我们往往秉持着真诚的态度，对客户的每一个问题都详尽解答，然而有时却发现客户最终并未选择我们。这让我们意识到，在交流过程中，我们可能一直处于被动地位。为了改变这一局面，我们需要学习运用反问话术来化被动为主动。

提及这一点时，有人可能会误解为我们在逃避客户的问题。但实际上，反问客户并不是为了回避问题，而是为了更好地了解客户的需求，从而给出更精准的回答。

例如，当客户询问商品套餐价格时，我们不必急于给出具体数字，而是可以反问：

我们的商品套餐价格会根据客户需求不同有所差异，一般在 6 万至 20 万元之间。请问您是打算给多少人使用？您希望满足哪些具体需求呢？

这样，我们不仅将问题抛回给客户，还能更深入地了解他们的需求。

反问话术的核心在于**通过提问引导客户表达自己的需求和期望**，从而让我们在销售过程中占据主动地位。这并不是要我们忽视客户的问题或显得不礼貌，而是要学会在合适的时机提出问题，以更好地满足客户的需求。

当客户对我们的价格提出异议时，我们可以运用反问话术进行回应：

请问您是否与其他家进行过对比？您对比的是哪种类型的产品？因为价格的高低往往与参照物有关。

这样的回应不仅解答了客户的疑问，还引导客户进一步思考。

同样，在客户询问交付周期时，我们也可以反问：

我们的标准交付周期是 30 天，但具体时间可能会受到特殊工艺要求的影响。请问您是否有特殊要求呢？

这样的提问方式有助于我们更准确地了解客户的需求，并据此给出更合适的回应。

　　总的来说，反问话术是销售过程中化被动为主动的重要工具。通过反问客户，我们可以更好地了解他们的需求，从而提供精准、个性化的服务。这不仅有助于提高销售业绩，还能增强客户的满意度和忠诚度。因此，作为销售员，我们应该学会并灵活运用反问话术来掌握销售过程中的主动权。

高情商话术

优秀的销售员，情商往往也高人一筹。

情商，这个看似简单的词汇，实则蕴藏着销售成功的秘密。销售，不仅仅是产品的交换，更是情感的交流。在这个过程中，情商就如同指南针，指引着销售的方向。

我们知道，一个人的成功并非仅仅取决于其智商或者学习成绩，还与其性格、情绪管理能力，以及人际交往能力等情商因素息息相关。正如一家权威研究机构所发现的那样，一些曾在顶尖学府就读的成绩优异者，在步入社会后的成就并不一定突出。这恰恰说明成功是由众多因素决定的，而情商无疑是其中不可或缺的一项。

心理学家在深入研究后发现，人的成就与其成长过程中的性格塑造有紧密的联系。书本上的知识固然重要，但它们并不能保证一个人的成功。相反，那些具备高情商的人，往往能够在复杂多变的社会环境中游刃有余，更好地应对各种挑战。

一个销售员，无论他拥有多么出色的产品知识，如果情商不足，那么成功对他来说也只是遥不可及的梦想。因为销售工作归根结底是与人打交道的工作。如何更好地理解客户需求、如何建立稳固的客户关系、如何在竞争中脱颖而出……这些都需要销售员具备高超的情商。

值得庆幸的是，情商并非与生俱来、不可改变，它可以通过后天的努力和培养得到提升。对销售员来说，掌握一定的高情商话术，就如同获得了一把打开成功大门的钥匙。

让我们通过具体的案例来探讨这个问题。

在大多数销售场景下，销售员可能会遇到客户的各种质疑和挑战。此时，如何巧妙回应，化解尴尬，最终促成交易，就显得尤为重要。而高情商的销售员，往往会采取一种**"难过＋道歉＋请教"**的回应策略。

难过 + 道歉 + 请教

一、表达出自己的难过情绪

例如，在客户表示不满或者拒绝时，销售员会说：

哎呀，说实话，我今天真的挺难过的。没能让您满意，我感到非常自责。您一直是我非常重视的客户，我真的不希望看到这样的结果。

这样的回应，既表达了销售员的真诚和关切，也缓解了客户的不满情绪。

二、诚恳地向客户道歉

如果今天我的服务有任何不到位的地方，还请您多多包涵，并向您表示最诚挚的歉意。

这样的道歉，不仅是对自己工作的反思，更是对客户的一种尊重和重视。

三、以请教的姿态向客户询问

我知道您可能不会再考虑我们的产品了，但是能不能请您指点一下，我今天哪里做得不够好？您的意见对我非常重要，我会认真倾听并努力改进。

这样的请教，不仅显示了销售员的谦虚和好学，也激发了客户的表达欲望和参与度。

通过这种"难过 + 道歉 + 请教"的回应策略，销售员往往能够成功化解客户的疑虑和不满，最终促成交易。更重要的是，他们还能够通过客户的反馈，不断提升自己的销售技巧和情商水平。

万能的"三问"客户话术

我们知道，销售工作不仅仅是卖产品给客户，还要给客户提供解决需求的方案。要了解客户的需求，我们就必须与之交流，但现实情况往往是"销售一开口，客户赶紧走"，使销售员白白错失了和客户沟通的大好时机。

因此，要想成为一名优秀的销售员，必须学会**"万能三问法"**，这三个问题分别是：

每个问题都有其独特的作用。

"能举个例子吗？" 这个问题用于引出具体信息，帮助客户清晰地回忆过去的事件或场景。通过客户的回答，销售员可以更深入地了解客户的想法和思路。

"出于什么原因呢？" 这个问题旨在探究事情背后的动因，挖掘客户内心深处的感受。通过反复询问"为什么"，销售员可以帮助客户逐渐发现未曾察觉的动机。

"为何你会那样决定呢？"

"因为我是这样想的。"——客户在为自己的行为找理由。

"为何你会有这样的想法呢？"

"因为我有这样的观点。"——在追问中找到更深层次的原因。

"为何你会有这样的观点呢？"——直到触及最核心的动机。

在这一过程中，客户意识到自己内心深处的需求，并对引导其分享内心想法的销售员心存感激。同时，销售员在理解客户的思路和想法后，也会产生帮助客户的想法。

"这意味着什么呢？" 这个问题用于引导客户的后续思考和行动，再次确认他们的想法。

在回答了前两个问题后，客户会越来越坚定自己的想法。销售员在确认客户的想法后，可以通过这个问题引导客户做出判断并采取行动。客户也会因此更加确定自己的想法，明确自己的需求，从而增强行动的意愿。销售员在得到回应后，也会更好地为客户解决问题。

"能举个例子吗"和"出于什么原因呢"分别用于展开和深化对话，而"这意味着什么呢"则是为了让客户重新审视自己的想法，并引发接下来的行动。

我们来看一个具体案例：

> 销冠："您之前提到想要一款功能全面的手机，能具体说说您对手机有哪些特别的需求吗？"（引导具体信息）
>
> 客户："我希望手机拍照效果好，电池续航能力强，还要有足够的存储空间。"
>
> 销冠："为什么这些功能对您来说这么重要呢？"（挖掘原因）
>
> 客户："因为我经常旅行，需要拍很多照片，而且不想频繁充电或删除文件。"
>
> 销冠："所以，您的意思是想要一款拍照效果好、电池续航能力强、存储空间大的手机，以满足您的旅行需求，对吗？"（确认想法）
>
> 客户："没错，就是这样。"

通过这样的对话，销售员不仅能准确把握客户的需求，还能为客户推荐最适合他们的产品，从而实现双赢。

暗语：圈内人的通关 "咒语"

在谍战片中，我们常常看到这样的情节：两个间谍在某地秘密接头，通过一句只有彼此才懂的暗语来确认身份。这种暗语就像一把钥匙，能够打开通往秘密世界的大门。在现实生活中，虽然我们不会执行生死攸关的间谍任务，但掌握一种类似的暗语却能让我们在社交和商业场合中游刃有余，成为真正的 "圈内人"。

想象一下，当你遇到一个同乡，你们之间几乎不需要过多介绍，一句家乡的俚语或者一个关于家乡的小故事，就能让你们迅速拉近距离，产生共鸣。这就是暗语的魔力所在。同样，在商业场合中，也存在着这样的暗语——**行业内的专业术语、流行的管理理念、最新的市场趋势等**。掌握这些暗语，不仅能让你在同行面前展示专业素养，更能让你与客户迅速建立信任关系。

然而，并不是所有的共同点都能成为有效的暗语。比如，仅仅因为你喜欢某支足球队，而客户恰好也喜欢这支足球队，这并不能直接促成交易。真正的暗语是那些能够体现你与客户在同一层次、有共同价值观和追求的元素。它们能够让你在客户眼中从一个普通的销售员变成一个值得信任的顾问和伙伴。

那么，如何获取这些暗语呢？答案很简单：**与你的目标客户保持同频**。深入了解他们的行业、市场、竞争态势及他们所关心的问题。参加行业会议、阅读专业杂志、关注行业大咖的言论……这些都是获取暗语的有效途径。当你掌握了足够多的暗语，就可以在与客户沟通时自然地运用它们，从而让客户感受到你的专业性，并与你产生共鸣。

"咒语"应用逻辑

圈内懂行人才知道的内容
+
分享
+
形成共鸣

举个例子，假设你是一名销售高端音响设备的销售员，在与目标客户沟通时，你可以谈论最近的音乐潮流、音质的表现力以及高端音响设备在市场上的稀缺性。这些话题不仅展示了你的专业素养，还能让客户感受到你对产品的深刻理解和热情。而当你提到某款限量版音响的独特之处时，客户可能会眼前一亮，因为你提到了他所关心的点——**独特性和稀缺性**。

除了专业性的话题外，你还可以通过分享一些与目标客户相似的经历或观点来引起共鸣。比如，你可以谈论自己对音乐的热爱和追求完美音质的经历。这样的分享不仅能让客户感受到你的真诚和热情，还能让你们之间建立起更深层次的联系。

总之，掌握暗语是成为圈内人的有效法宝。通过深入了解目标客户和行业趋势，以及与同行和客户的交流互动，可以逐渐建立一套属于自己的暗语库。这些暗语将帮助你在商业场合中游刃有余地应对各种挑战和解决各种问题，从而赢得客户的信任和尊重。当你能够熟练地运用暗语与客户沟通时，你就已经迈出了成为"圈内人"的重要一步。

在这个信息爆炸的时代，每个人都在寻找与自己有共同语言和价值观的人。作为销售员，我们更应该珍惜每一次与客户沟通的机会，用暗语作为通关"咒语"，打开通往成功世界的大门。记住，只有当我们真正理解并融入客户的世界时，才能成为他们眼中真正的"圈内人"。

"请给我五分钟" 的开场白

在销售过程中，大多数人会认为成交这一环节是最重要的，而对销冠来讲，正确开启销售才是打开成交大门的金钥匙。正确开启销售的关键点，就是要有一个好的开场白，它是后续取得合作的关键，那么，什么才是好的开场白呢？

美国著名营销大师雷蒙·A.施莱辛斯基有一个著名的销售策略——**五分钟销售法则**，这五分钟要用在哪儿呢？就在开场白！

当施莱辛斯基拜访潜在客户时，他会请求客户给予他五分钟。他解释说，尽管他实际可能只需要两分钟就能完成基本介绍，但五分钟可以让客户给予他足够的合作机会。在这五分钟内，他会运用自己的销售技巧来完美地展示产品的价值，并尝试与客户建立联系。当五分钟结束的时候，他甚至比客户的家人更了解客户，包括他的兴趣、观点、爱好和需求，等等。

实际上，**"请给我五分钟"**的开场白，就是一个展示销售者自身能力的机会，用来激发客户对产品的兴趣，从而打开进一步销售的通道。因此，只要牢牢地抓住开场白，就能争取到更多成功的机会。其关键手段不外乎以下几方面。

一、利用"钱"或"利益"的力量

在销售过程中，不论是赚钱还是省钱的方法，都能有效地吸引客户的注意力。

比如：

"李总，我的这套运营系统可以为您减少 50% 的运营成本，被应用在很多机构，亲测有效。"

"马经理，您希望贵公司每年节省一半的维修费吗？我有一个办法……"

"王厂长，我这套新的设备，可以为您提升 30% 的利润。"

二、利用人的好奇心

莎士比亚曾经说过："好奇心是人的天性，缺少它的人比拥有它的人更难受。"这强调了好奇心是人类天性的一部分，失去好奇心的人将失去生活的乐趣和活力。

一些成功人士，除自身实力过硬之外，还因为具有独到的眼光和好奇心才能在某个领域做得出色。而这样的客户面对那些与众不同或者他并不熟悉的产品或项目时，通常会持有一种好奇心，销售员可以利用这种心理趋向，展开自己的开场白，有效地吸引客户的注意力。

例如，"阿里铁军"的第一届校长李立恒，总会在自己的名片上打九个洞，当他把名片递出去的时候，几乎所有的客户都会问他："为什么名片上会有九个洞呢？"他回答："在我看来，所有的企业都有问题，我归纳为九类问题，而我来就是补救问题的。咱们今天先从哪个洞开始补呢？"沟通由此开始。

三、提到对其有影响力的第三人

很多人面对陌生人时会有一定的戒备心理，而当你在开场白的时候，告诉对方你是某某——这个某某必须是对客户有影响的人，如亲友、密友、上级等——介绍过来的，往往会让对方有种"知根知底"的感觉。这种迂回的开场白，会让客户对陌生人的戒备心下降，从而表现得更加客气和有耐心。

例如，销售员小李想要推广一款节能灯泡给当地一家大型超市，与超市采购经理见面的第一句话，小李是这样说的：

我今天有幸能够拜访您，全靠王经理的推荐，他还特别嘱咐我，要代他向您问好。而王经理也一直非常关心节能环保问题，他特别提到了我们这款新型节能灯泡，认为它对于超市这样的公共场所来说，既能够节省能源成本，又符合环保理念。

采购经理一听是领导推荐的这款产品，表示很感兴趣，并向小李深入了解了这款产品，不久后，小李成功地拿到了这家大型超市的订单。小李就是利用有影响力的人的推荐，顺利开启了销售合作之路。

"双赢" 原则话术

在销售过程中，我们发现，大家常常会产生一个共同的疑惑：即便产品在价格、质量或服务等方面与竞品旗鼓相当，甚至在某些方面更胜一筹，为什么客户最终还是会选择竞争对手的产品？这个问题始终困扰着我们，让我们陷入深深的反思中。

虽然影响客户选择的因素众多，但其中一个尤为关键的因素不可忽视，那就是**人性的力量**。在心理学、文学、管理学和医学等多个领域，经常提及一个理论——冰山理论。这一理论形象地描绘了一座浮于水面的冰山：露在水面上的部分只是冰山一角，占据了整体的10%，而其余90%则隐藏在水面之下。在客户需求分析中，这露出的一角代表了客户的显性需求，而隐藏在水下的绝大部分则代表着客户的隐性需求。

这时候，**我们只有站在客户的角度，寻求双方的共同点，才能实现共赢**。客户购买的不仅仅是产品，更是销售员的服务态度和精神。一位优秀的销售员，他的关怀态度、幽默谈吐都是其销售成功的关键。**只有懂得如何用心去聆听客户的需求，如何用幽默的方式去化解客户的疑虑，才能使销售过程变得轻松愉快。**

同时，**我们还需要掌握化整为零的技巧**。比如，当客户对价格产生疑虑时，我们可以将价格细分为更小的单位，让客户更容易接受。例如，将一次性的高价值投资转化为每天的微小投入，从而让客户感受到这其实是一笔性价比很高的投资。这种话术的巧妙运用，不仅能够化解客户的价格疑虑，还能引导客户看到产品的长期价值。

让我们来看一个具体的案例。一位销售员向客户推销一款高端的家用按摩椅，价格为5000元。客户一开始听到这个价格时，眉头紧锁，显然觉得价格过高。这时，销售员微笑着说：

这款按摩椅虽然一次性需要投入5000元，但您想，它每天都能为您带来舒适的按摩体验，缓解一天的疲劳。如果按照十年的使用时间来算，每天的投资只有一块多钱。这样看来，是不是觉得很值得呢？

客户听后，眉头舒展，最终决定购买这款按摩椅。

从上面这个案例可以看出，使用"双赢"的话术原则，不仅可以化解客户的疑虑和顾虑，还可以引导他们看到产品的真正价值和长期效益。站在客户的角度思考问题，用双赢的话术来打动他们的心。只有这样，我们才能在激烈的市场竞争中脱颖而出，赢得客户的信任和支持。

"讲故事" 话术

有人曾说"销售的本质在于叙述故事"。这种表述或许略显偏颇，但不无道理。对顾客而言，一个引人入胜的故事往往比单调的说教更具影响力。在销售过程中，故事的说服力主要体现在以下两方面。

一、故事让顾客感受到一种紧迫感

在销售过程中，销售员最担心的是顾客提出各种推脱和质疑，无论销售员如何口若悬河，顾客总是能提出不同意见，迟迟不做购买决策。这时，销售员可以巧妙地运用一些真实的案例来"警醒"顾客。

例如，当保险代理人推销重大疾病保险时，顾客可能会说："我现在身体健康，收入稳定，财务状况良好，因此无须购买保险。即使遇到意外，我也有能力应对。"

在这种情况下，如果保险代理人直接假设顾客会遇到不幸，可能会引起顾客的反感。然而，通过讲述一个生动的故事，就能更好地让顾客接受这一观点。比如：

我理解您的想法，现在的医疗费用确实非常高昂，我有个朋友，几年前被诊断出癌症，为了治疗，他不仅花光了所有积蓄，还卖掉了家里的汽车和房子。虽然现在他的病情得到了控制，但原本富裕的家庭却不得不租房生活。您觉得，是每月支付一小笔保险费更划算，还是等到需要时不得不变卖所有家产更合算？

这样的故事通常具有很强的感染力，能让客户产生共鸣，担心自己也可能遭遇类似的困境，从而产生焦虑和担忧。在这种情绪的驱使下，客户更有可能做出购买决策。

二、故事会触动顾客的渴望

我们总是提到销售中的"痛点"，有一类故事就能够触发这种心理。比如：

销冠："您是否想过，一个小小的决策可能会带来巨大的变化？让我给您分享一个真实的故事吧。"

客户："哦？怎样的故事？"

销冠："我有个朋友，一直梦想着开一家自己的咖啡店。她考察了很长时间，最终找到了一个理想的店面，但租金相对较高。她在犹豫是否值得投资这么多钱在一个店面上。"

客户："那她最后怎么决定的？"

销冠："她咬咬牙最终决定租下那个店面。开业后，由于位置优越和装修有特色，她的咖啡店迅速走红，成为当地的网红打卡点。不到一年时间，她就收回了投资，并开始盈利。"

客户："这么成功？"

销冠："是的，她的成功并非偶然。她告诉我，当初的那个决策虽然让她倍感压力，但也正是这个决策改变了她的生活。现在，她不仅实现了自己的梦想，还拥有了一份稳定可观的收入。"

客户："这确实很励志。"

销冠："是的，有时候我们需要勇敢地做出决策，才能抓住机遇。就像您现在面临的这个选择，虽然投资可能会带来一些压力，但长远来看，它可能会成为您改变生活的一个契机。我相信，您也有能力像我的朋友一样，通过明智的决策实现自己的目标。"

在这个案例中，通过讲述一个朋友成功开店并快速盈利的故事，成功地激发了客户对于做出决策的勇气和信心。这个故事不仅展示了决策的重要性，还通过具体的成功案例让客户看到了可能实现的梦想和回报。同时，也巧妙地引导客户将当前的选择与未来的机遇联系起来，进一步增强了客户购买的意愿。

讲故事销售法的魅力在于它能够避免直接讨论敏感话题，用真实的故事来替代直接的论述，从而触动顾客的情感，让他们感同身受，进而增强销售的说服力。

好的"讲故事"话术要有下面六要素：

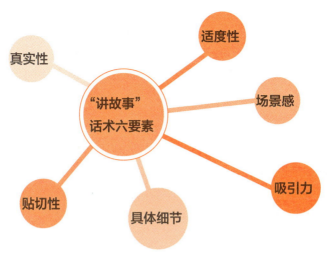

"讲故事"话术六要素

真实性　适度性　场景感　吸引力　具体细节　贴切性

1. 追求真实性

所讲述的故事，无论是来自听闻、书籍、亲朋好友的经历，还是即兴创作，都必须遵循基本的逻辑，并体现强烈的真实感。

2. 确保贴切性

所选择的故事应与销售的产品、客户的背景和当前的销售环境紧密相关。

3. 注重具体细节

在叙述故事时，应加入明确的时间、地点、人物、情节和数据等详细信息，以增强故事的说服力。

4. 提升吸引力

故事本身应具有引人入胜的特点，以吸引客户的注意力，使其对故事产生浓厚的兴趣。

5. 营造场景感

一个动人的故事应能将客户带入其中的情境。销售员在讲述故事时，应通过恰当的手势、表情、语音停顿和语调变化，帮助客户更好地融入故事场景。

6. 保持适度性

故事应简洁明了，避免冗长的叙述。客户往往没有耐心听取长篇大论，因此，销售员应学会用精练的语言讲述简短而有力的故事。

说话的技巧——艺术话术

在销售领域，语言不仅是沟通的工具，更是能够打开客户心扉、促成交易的艺术。"一言既出，驷马难追。"这句话深刻诠释了语言的分量和责任。在销售过程中，我们的每一句话都像抛出的铁球，重而有力，直接影响客户的决策。因此，如何说话、何时说话、说什么话，成为销售员必须精修的课题。

当我们与客户交流时，很多时候，我们的语言应该变成问题去探索客户的态度。这并非自我陶醉的独白，而是一场以客户为主角的对话。我们的问题要像探照灯一样，照亮客户的需求和疑虑，引导他们走向购买的决定。

俗话说"良言一句三冬暖，恶语伤人六月寒"。销售中的语言不仅要准确、专业，更要温暖、贴心。我们要像雕刻家一样，精心雕琢每一句话，让客户在听到我们的声音时，就能感受到我们的专业和真诚。

在说话的技巧上，我们可以借鉴古人的智慧。《弟子规·信》中的"凡道字，重且舒。勿急疾，勿模糊"就是我们说话的准则。语气要中气十足，不卑不亢；语调要浑圆、低沉、有磁性，给客户以温暖、安全的感觉；语速则要舒缓有致，优雅得体，像涓涓细流一样滋润客户的心田。

因此，这样的话术应遵循如下几个原则：

一、文明用语应常挂在嘴边

在与客户交流时，销售员应始终保持文明和礼貌。为此，"谢谢"和"请"这样的礼貌用语应成为销售员的"口头禅"。

二、选择能让客户感到轻松的语言

如果客户使用方言，而销售员也掌握这种方言，那么可以尝试用方言与客户交流，以此拉近与客户的关系，营造亲切氛围；如果销售员不熟悉客户的方言，那么应使用普通话，避免因方言不标准而产生误解；当与多位客户同时交流，且大家方言不同时，销售员最好使用普通话，避免与某位客户单独使用方言，导致其他人无法理解。

三、采用简单易懂的语言表达

简单明了的语言更容易为人们所接受。因此，销售员应尽量避免使用书面化的复杂语句，多用平易近人的语言。刻意使用难以理解的专业词汇或咬文嚼字，会让客户感到困惑，不利于彼此顺畅沟通和客户关系的维护。

四、言谈之中需注意分寸

在与客户交谈时，销售员应避免言语无忌，要时刻注意自己的言辞。缺乏分寸感不仅显得不礼貌，而且会有损专业形象。

在与客户交流时，销售员还应避开一些"敏感区域"。请注意以下几点：

不要在客户兴致勃勃时打断他们；

对于不了解的事情，不要装懂；

避免在客户面前讨论他人的隐私和缺陷；

不要提及容易引起争议的话题；

不要引用粗俗不雅的例子；等等。

此外，我们还要杜绝口头禅和过多的手势。这些看似微小的细节，却能潜移默化地影响客户的判断。我们的目标是让客户聚焦于我们的产品和服务，而不是让这些无关紧要的细节分散客户的注意力。

第二章

联结客户

在纷繁复杂的商业世界里，每一个细微的沟通技巧都可能成为连接你与客户的桥梁。当你拿起电话，准备向一个陌生客户推销时，如何让开场白充满吸引力，不让客户匆忙挂断？当你走在地推的路上，怎样巧妙地获取客户的电话号码，同时又让客户对你产生好感？在卖场中，如何用一段开场白，让客户驻足聆听，提高你的销售成功率？这些都是我们每天面临的挑战。

不仅如此，倾听客户的话语，捕捉他们的言外之意，也是在销售中不可或缺的技巧。在邀约客户时，遇到"时间定不下来"的情况，你该如何灵活应对？在添加客户微信时，又有什么方法能够减少被拒绝的概率？加完微信后，第一条信息又该如何发送，才能让客户对你产生兴趣？若客户对你发送的消息冷漠甚至拒绝，你又该如何寻找二次联结的机会？在这一章中，我们将带你找到答案。

打电话，
怎么开场，才不会被挂断？

十一人效应

　　很多时候，随手接听一个陌生电话，电话里面传来礼貌与客气的话语，这就好像是个显而易见的标签，让人一眼就能洞悉其背后的推销真相，随即引发内心的防御壁垒——毫不犹豫地挂断电话。

　　因此，若想成功吸引陌生客户，我们必须褪去推销者的外壳和形象，以独树一帜的姿态出现，才能赢得客户的关注。这在心理学中有一个名词，叫**十一人效应**。

　　研究者设计了一个有趣的实验，他们精心挑选了十一位男性，并将他们安排在一个封闭的房间里。随后，研究者引入了一位容貌出众的女性。不出所料，有十位男性几乎立刻被这位女性的魅力吸引，纷纷将目光投向了她。

　　然而，令人意想不到的是，这位女性并没有对这十位男性中的任何一位产生过多的关注。相反，她的目光却不由自主地被房间中那个没有看向她的男性吸引。这位男性与众不同，他没有像其他人那样急切地看向女性，而是保持了自己的独立和淡定。

　　这一实验结果生动地揭示了**十一人效应的核心原理：**

　　在人群中，那些具备独特性、能够与众不同的个体往往更容易受到他人的关注。

　　这也进一步表明，一个人的独特性不仅可以增强自身的吸引力，还有助于建立与他人之间的信任。

　　但大多数销售员常常在与客户交流时陷入过度客套的窠臼，使用大量的寒暄之语，诸如"您好""打扰了""请问"等，想去与客户进行联结，结果却往往事与愿违。

　　我们换位思考，倘若自己身为客户，接听的是一通销售电话，被打扰已成既定事实。此时，内心最期盼的无疑是对方能够直截了当地切入正题。因此，我们应摒弃传统冗长的寒暄客套方式，言简意赅，迅速传达核心信息，直接进入销售主题，这样才能更有效地吸引客户的注意力。

⊗ 普通话术：

销售员："喂，您好，打扰您了，请问是张总吗？我是××全屋订制公司的徐月，我们公司每年会给上百家业主提供全屋订制服务……"

客户："哦，暂不需要。"

⊘ 销冠话术：

销冠："您好，张总，我是××全屋订制公司的徐月，我们在咱们小区5栋和8栋都有您这个户型的样板间，还做过您邻居的全屋订制，我听说您上次向他咨询全屋订制，我正好在这儿，可以领您参观一下样板间，您看您什么时间方便？"

客户："下午三点吧。"

销冠："好的，下午三点，我在小区门口等您。"

切记！在电话邀约的开场白中，一定不要过度寒暄。我们都知道，人们通常在听到有人喊自己的名字时，会下意识地应答，因此，在接通电话的瞬间，简单的一句"您好，张总"就足够了。

打完招呼之后，很多销售员会马上滔滔不绝地推销自己，比如，公司很有实力，服务过多少客户，等等，这些都无疑在逼客户挂断电话。客户根本不关心你的公司有没有实力，也不关心你是谁，客户在乎的只是与他相关的事情。

而当你提到的都是跟客户相关的信息时，客户反而会产生一种亲近感，会觉得你说的事情跟他有关，从而拉近彼此的距离，建立对你的信任，进而有机会联结客户，开启合作之门。

地推过程中，
如何巧妙获取客户的电话号码？

我们都知道，销售其实是一个不断被拒绝的过程，而地推，作为一种直接与潜在客户面对面接触的销售方式，更是经常遭遇各种形式的拒绝。然而，尽管面临如此多的困难，地推仍旧被大力推崇，并且持续进行，这与它独特的优势有关。

地推，通过面对面的交流与接触，能够更直接地了解客户的需求与意愿，实现精准营销，与其他营销相比，地推能够更直接地接触到目标客户群体，减少信息传播的中间环节，从而提高营销效果。

更重要的是，在地推过程中，如果我们能够利用心理学中的**好感效应**，不但能轻松要到精准客户的联系方式，增加客户对销售员的信任感，还能为双方建立稳固的合作关系打下基础。我们可以记住这个**好感效应话术模式：A+I**。

好感
效应 = A（Attention）——引起注意
       +
       I（Interest）——诱发兴趣

⊗ **普通话术：**

销售员："您好，我是××培训机构的。我们有个课程挺好的，特别适合有孩子的家庭，您有兴趣了解一下吗？如果您这会儿没时间，可以给我留个电话，我下次给您打电话详细介绍。"

客户："暂时不太需要，谢谢！"

⊘ **销冠话术：**

销冠："您好，我是××少儿培训机构的销售代表。这个彩色的小风车送给您的孩子。"

客户："谢谢。"

销冠："我们专注于为孩子提供高质量的教育服务，帮助他们发掘潜力、培养兴趣。我看到您的孩子非常聪明活泼，为了更好地了解孩子的需求和兴趣，如果您愿意，能否留下您的联系方式？"

客户："好的。"

销冠："请您放心，我们会尊重您的隐私，不会随意打扰您。您的信任对我们非常重要，我们会尽全力为孩子提供最好的教育服务。"

客户："我的电话是……"

在上面这个案例中，我们能看到，销冠的话术很好地利用了**"好感效应"中的 A+I 模式**结构。通过给孩子送一个他感兴趣的小风车，打开联结客户的突破口，引起客户的注意，借此机会跟客户介绍自己的身份和来意，再通过"更好地了解孩子的需求和兴趣"让客户感受到自己的需求被重视，并且产生兴趣。

在这个过程中，销冠并没有直接向客户索要电话，而是先通过提供有价值的信息和服务，建立起与客户的信任和联系。当客户感到舒适和满意时，再提出留下联系方式的请求，这样就大大增加了客户同意的可能性。

此外，销冠在请求客户留下联系方式时，也充分尊重了客户的意愿和隐私，明确表示不会随意打扰，进一步增强了客户的信任感。最后，通过"您的信任对我们非常重要，我们会尽全力为孩子提供最好的教育服务"这句话，销冠再次强调了客户的重要性，同时也表达了自己的承诺和决心，顺利地联结客户，得到了客户的联系方式，为以后继续合作打下了良好的基础。

卖场销售中，
如何说客户才会听？

你遇到过这样的情况吗？在商场里，可能你还没开口，对方就已经反射性地流露出拒绝性的语言。而我们会习惯性地说："我们能为您做些什么呢？"又或者是"我能帮您做些什么呢？"有些时候，这些话确实好用，但是或许大多数客户可能都不知道自己最终想要的是什么。所以，**你的第一句开场白，一定不要开门见山地谈销售。**

因为从你张开嘴的那一刻开始，你的头顶上就已经有一个标签——"我是一个销售员，我要向你销售一些东西"，这个时候，决定买或者不买，谁说了算？答案是客户。销售员陷入被动，于是，我们所有的"销售方法"就都是无效的了。

当代最富权威的推销专家戈德曼博士曾说过："在面对面的推销中，第一句话至关重要。"这就是心理学上的首因效应。

也就是说，客户听第一句话往往比听之后的话更认真，甚至很多客户会以销售员开场白的好坏决定他们的去留。因此，销售员要想尽快抓住客户的注意力，保证销售行为的顺利进行，重中之重就是要有一个漂亮的开场白。这时候，我们可以利用这样的一个句式：P+V。

首因效应 = P（Praise）——赞美（给予客户肯定、欣赏和赞美）
+
V（Value）——价值（高价值认定 + 高价值回馈）

客户："我想看看实木地板。"

销售员："好的，我们这里有很多种实木地板供您选择。您看看这款，这是橡木的，纹理清晰，质量也很好。"

客户："价格怎么样？"

销售员："这款地板的价格是每平方米350元，算是中档价位吧。"

客户："有点贵，我再看看吧。"

销售员："好的，那您再看看其他款式吧。"

销冠："先生，您的眼光真好，这款地板是我们公司的主打产品，也是我们公司上个月销售量最好的产品呢！"

客户："一平方米多少钱？"

销冠："这款产品，折后的价格是一平方米350元。"

客户："好像有些贵，还能便宜点吗？"

销冠笑着询问："您家在哪个小区？"

客户："海湾新城。"

销冠："海湾新城是很不错的楼盘呀！我听说小区的绿化很漂亮，物业管理也很正规，而且房子的格局也不错，这样舒适漂亮的房子，当然要匹配高端优质的地板呀，不过，我们近期正在对海湾新城和亿锋广场这两个小区做团购活动，还真能给您一个团购价的优惠呢！"

客户："可我们现在还没交房，具体需要买多少平方米还不太清楚。"

销冠："您如果要现货，还拿不到团购价呢。团购10户以上，才可以享受团购价。现在加上您这一单才8户，还需要再找2户才行。正好您也还没拿到钥匙，不如这样，您可以先交一笔定金，等拿到钥匙后，再让我们的设计师去复下尺，您看怎么样？"

客户："好的。"

从这个案例可以看出，销冠以"先生，您的眼光真好，这款地板是我们公司的主打产品"这种赞美式的话语开场，不仅提升了客户的自我价值感，还巧妙地引出了产品的独特性。紧接着进行价值强调："这样舒适漂亮的房子，当然要匹配高端优质的地板呀……"通过强调客户房子的高品质，来衬托地板的高端价值，使客户更容易接受产品价格。随后又通过价格优惠顺利完成交易。

如何捕捉客户的言外之意？

在销售过程中，80% 的销售员误以为口才是制胜法宝，逢客便滔滔不绝。然而，你会发现大多数客户在我们的长篇大论中失去耐心，直接拒绝沟通，导致我们联结客户还未开始就已经失败，那么，问题出在哪儿呢？

问题就出在销售员过于强调自我表达，而忽视了倾听的重要性。在销售过程中，倾听客户的需求和想法至关重要，因为只有通过倾听，我们才能了解客户的真正想法和需求，这也是心理学中的**倾听效应**。当人们感到自己被倾听时，他们才更愿意分享更多的信息。我们可以用以下句式来表示这一策略：**A+Q**。

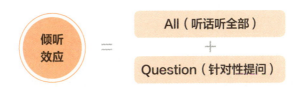

在与客户交流时，首先要全神贯注地倾听客户的所有表述，不遗漏任何信息，以全面了解客户的需求、疑虑和关注点。然后，在此基础上提出有针对性的问题，以深入了解客户的想法，进一步澄清和确认客户的需求。

通过"听话听全部"，可以确保自己不会误解或遗漏客户的任何重要信息。而"针对性提问"则有助于更深入地了解客户的具体需求和期望，为客户提供更精准、个性化的服务或解决方案。我们看下面的案例：

> 客户："我上个星期去三亚度假，看到一条非常好看的项链，我想来找找。"

⊗ **普通话术：**

销售员："那您看到的项链是什么样子的，是珍珠的还是钻石的？"

客户："你们这儿好像没有，我再去别家看看吧。"

✓ **销冠话术：**

销冠："哇，姐，你去三亚度假了呀，我听人说，这个季节的三亚风景最美了！"

客户："是啊，风景是挺美的，我们玩了七天呢。"

销冠："真是太羡慕了！姐，那你在三亚看到的那条项链一定是非常特别的，能和我描述一下它是什么样的吗？"

客户："它是一条金色链条，上面镶嵌着一些彩色的宝石，非常闪亮。"

销冠："听起来真的非常漂亮，姐，你的眼光总是那么独特。虽然我们店里可能没有和你描述的一模一样的项链，但我们可以根据你的喜好为你推荐一些类似的款式，或者你可以告诉我你的预算，我们可以帮你定制一条符合你要求的项链。"

客户："那太好了，我的预算在五千到六千之间。"

销冠："明白了，姐。那我可以为你推荐一些精美的金色链条镶嵌彩色宝石的项链，或者你也可以考虑定制一条，这样你可以得到一条完全符合你心意的项链。你觉得怎么样呢？"

客户："那就先看看你们推荐的款式吧。"

销冠："好的，姐，请跟我来，我们这里有一些非常漂亮的项链供你挑选。"

在这个案例中，销冠就是通过倾听，感受到了客户想要被关注的弦外之音"去三亚旅行"，然后给客户更多表达的空间，通过提问引导客户描述她想要的项链，更好地了解客户的需求，而且还让客户感到被尊重和重视。最后，销冠根据客户的需求和预算，提供了合适的建议，成功引导客户进入购买流程。

邀约时客户说"时间定不下来",该如何应对？

电话邀约也好，地推邀约也罢，经常前面聊得好好的，客户对你也非常认可，甚至可能谈到要签约合作的地步了，但是一到约见面，或者邀请参加活动的环节，就会听到客户说："时间定不下来。"你为此也很恼火，不晓得问题出在哪儿。当你一头雾水的时候，自查一下，是不是这样跟客户约时间的呢？

"您现在忙吗？"

"您看您什么时候方便？"

"您有时间的话，来店里坐坐呀。"

面对这样的提问，客户大多会这样回答：

"我现在没空。"

"最近比较忙，都不太方便。"

"好的，等我有空的时候过去。"

最终，见面的时间遥遥无期，怎么办才好呢？在这里，我们需要先了解一个法则——潜意识暗示法则。它描绘的是人类心理活动的一个隐秘角落，即那些我们无法直接认知或尚未认知的部分，是人们"已经发生但并未达到意识状态的心理活动过程"。

我们都明白"潜意识"看似虚无缥缈，实则蕴含着无尽的奥秘。它虽然难以捉摸，既看不见也摸不着，但却无形中引导着我们的思绪与行动。正是这个神秘的潜意识，在潜移默化中塑造着我们的世界观和人生观，成为我们行为决策背后不容忽视的力量。

潜意识暗示法则: 提出有效需求假定 + 提供有针对性的产品 + 提出合理约见假定

了解了潜意识暗示法则，我们把它应用在销售过程中有什么好处呢？

比如，你问客户"您现在忙吗"和问客户"您现在不忙吧"，问话的意思差不多，但是客户回答的结果却大相径庭。前者给客户的潜意识暗示是忙，客户出于警惕心理，顺嘴也会说"有点忙"，而"您现在不忙吧"，给客户的潜意识暗示是"不忙"，客户会顺嘴就说"不忙"，这便是利用了心理学上的潜意识暗示法则。

你想想，你要是问客户忙吗，客户说忙，你还能怎么说，继续往下说，十有八九就变成打扰了，所以这样的问话就等于把主动权交给了客户，而让自己处于被动地位了。

我们看下面的案例：

⊗ 普通话术：

销售员："您好，张经理，夏天就要到了，我们公司有一款很好的中央空调，效果特别好，您什么时间方便，我带着资料过去跟您聊聊。"

客户："我最近没空，等等再说吧。"

⊘ 销冠话术：

销冠："您好，张经理！我是中央空调销售服务的小刘。近期，我听您的同事提到，您可能正在为办公环境的整体温度调节而烦恼。

我们公司有一款高品质的中央空调产品，可以根据室内温度和人员活动情况自动调节，既节能又环保。如果您对这款中央空调产品感兴趣，并且今天下午您的时间比较方便的话，我希望能带着产品资料来贵公司，与您进行详细沟通。我相信，通过我们的产品，您一定能够为员工创造一个更加舒适、高效的办公环境。"

客户："行，那你下午三点过来吧。"

通过这个案例，你看到了吗？当你使用"探寻问句"，比如，"什么时间方便""什么时候有空"，等等，这样的问句，主导权在客户手中，而当你用"假设问句"，就是假设客户的时间是确定的，如提到的"今天下午"，然后进行确认，主导权就在你自己手中。这是销售过程中一个非常有用的秘法，叫**假设确认法**。使用假设确认法，会让销售员占据主导地位，大幅度提升邀约的成功率。

如何加客户微信不容易被拒绝？ 迂回法则

在社交软件日益繁荣的时代背景下，微信作为一款广泛使用的通信工具，在销售环节扮演着举足轻重的角色。拥有客户的微信就意味着打开了更多与客户沟通的渠道，这对销售来说无疑是一个巨大的优势。因此，如何轻松添加客户的微信，也就成了销售员关注的焦点。

通常情况下，如果销售员直接索取客户的微信，目的性太强了，很可能会遭到拒绝。销售员要做的是，不要让客户觉得其是为了销售而索取微信，而是把微信当作一个沟通交流、提供价值的工具，提供服务是目的，加微信只是手段。例如，我是为了给你发资料或者教程才加你的微信。这样的方式比较容易被客户接受，也就是**迂回法则**。

迂回法则是一种巧妙的战术布局，旨在隐藏自身的战略意图，避免直接与敌方正面交锋。它通过在更广阔的区域对敌方战役集团进行巧妙包围，从而在不直接冲突的情况下，逐步达到战役的最终目的。通过"迂回法则"，能够在不暴露自身弱点的同时，逐步削弱敌方势力，最终取得战争的胜利。

在销售过程中，如果直接要微信，客户十有八九会觉得你另有所图，为了避免麻烦，很多人都选择了拒绝，而当销售员使用"迂回法则"时，可以有效避免这些问题，从而达到加微信的目的。

日本著名的销售大师尾上忠史曾提出过一个非常有名的沟通方法，叫作**"O—A 句式法"**，这个方法强调在销售或沟通中：

先明确一个有利于对方的目标（Objective）；
再提出一个能达到该目标的行动或建议（Action）；
并以一个名词的形式将两者结合起来，形成一个简洁有力的表达。

⊗ 普通话术：

销售员："您好，××家长，能否请您添加一下我的微信呢？这样我们日后沟通起来会更加方便。"

⊘ 销冠话术：

销冠："××家长，针对您宝贝的年龄段，我们有一套精选的绘本推荐。为了方便您获取这些资源，能否请您添加我的微信呢？同时，如果您在育儿过程中遇到任何问题，也欢迎随时向我咨询。这样一来，我们可以更好地为您提供帮助和服务。"

我们来看：

为了实现 O，需要做 A 动作。

为了发绘本资料，需要加微信，

为了提供育儿咨询，需要加微信。

人际交往的本质是你能给对方带来价值。当我们能够为客户提供实实在在的价值，无论是知识、经验还是情感支持，联结就会自然而然地深入下去。而在此基础上，如果客户还是心存疑虑，那我们可以继续说，"放心吧，我们平时不会打扰您的"等此类保证的话，表达对客户的尊重和理解，更可能有效地推进加微信这一关键步骤。

加完客户微信，
如何发第一条信息？

很多时候，我们加客户微信是为了深入交流，从而增加销售的成功率，但真实情况往往是，我们加完了客户微信，紧接着联系客户，却发现对方怎么都不理你了，这是为什么？是因为你第一句话没说对。

给客户微信发的第一条信息就像一扇门的钥匙，如果说话得当，就能顺利打开与客户深入交流的大门；反之，则可能让客户心生反感，从而关闭与我们沟通的窗口。

⊗ 普通话术：

销售员："张女士，您好，我是××装修公司的小王，您家装修的时候可以找我。"

⊘ 销冠话术：

销冠："张姐您好，我是××装修公司的小王，我在这个行业做了十多年了，在您这个小区也做了二十多家了，针对您家这样的户型，我这里有三套特别好的设计方案，一会儿我整理一下发给您呀。"

客户："好的，太感谢了！"

销冠："您先看看这三套方案，有什么疑惑可以随时问我。"

我们来看第一段话术，虽然简洁明了，但推销的味道是不是很浓？这很容易让客户产生抵触心理。毕竟在没有任何铺垫和信任基础的情况下，直接推销自己的服务，难免会让人觉得唐突和不适。

而第二段话术，不仅介绍了自己的身份和经验，还展示了在相同小区的工作经历。更重要的是，销售员针对客户的具体需求（户型设计方案）提出了相应的解决方案。这样的话术，不仅让客户感受到了销售员的专业性和经验，还让客户看到了实实在在的价值。

这里就涉及了一个关键的概念——**价值主张**。价值主张是商业模式的核心要素之一，它强调的是商业的本质：为客户创造价值。只有当客户有需求时，他们才会产生购买的意愿。因此，我们的价值主张必须紧密围绕客户的需求来构建，客户有什么需求，我们就提供相对应的价值，为自己建立一个**"价值标签"**。

通过这三个问题找到自己的优势，就能提炼出"价值标签"。切记一定要具有独特性，这样客户更容易记住你。

比如：

你的身份：装修公司的小王，工作了十年。

有何优势：比别人更懂装修。

自身的价值：提供最适合的设计方案。

这个话术模板主要包括三个部分：

第一，我是谁？

第二，我有什么优势？

第三，我可以为你提供什么价值？

通过这三个问题，就会让客户记住你的价值标签，客户有需求的时候，就可能想起你来。

而为了吸引客户回复，我们还可以用一些数字，比如，我现在只能为你提供三套方案，如果还有别的需求，可以再继续进行沟通交流，从而打开联结客户的通道。

给客户微信发什么，客户会马上回复你?

有时候，我们在联系客户时，很喜欢问客户一句："在不在？"客户一看这句话，大抵心里掂量出你下一句是向他推销产品。通常这种情况下，如果客户还没有考虑好是否购买，或者正在纠结犹豫，大概率是不会回复的。

为了打破这种沟通壁垒，我们有时也要尝试改变提问方式：

"李总，上次您看的地暖设备，考虑好了吗？"

"××老师，您上次想报咨询师的证，还报吗？"

然而，即使是这样更加直接和具体的问题，很多客户还是不会告诉你明确的答案，一般都会选择"拖"的办法，也就是不回复消息。

客户之所以不回复，主要是因为他们认为不回应并不会给他们带来任何损失。这里的"损失"可能包括在选择商品时所花费的时间成本，或者某个商品或服务可能带来的实际利益。换句话说，客户觉得没有回复的必要，因为没有紧迫感或明显的利益驱动。

为了应对这种情况，我们可以尝试一种被称为"正话反说"的沟通技巧。这种技巧的核心在于通过转换提问方式，让客户感受到如果不采取行动，他们可能会失去某些东西。这种方法巧妙地利用了人们心理上的**损失敏感效应**。

损失敏感效应是心理学中的一个重要概念，它揭示了人们对损失和获得的敏感程度是不同的。通常，人们对损失的敏感度要远高于对获得的敏感度。这是因为失去财富或机会所带来的痛苦往往大于获得相同价值所带来的快乐。例如，丢失 500 元所带来的痛苦远远超过了得到 500 元所带来的喜悦。

在销售过程中，我们可以利用这种心理效应来引导客户。当客户对某个产品或服务保持沉默时，我们可以采用**失去框架法**，来提醒他们可

39

能会失去某些有价值的东西。这种方法的关键是构造一种情境，让客户觉得如果不及时回应，就可能会错过某些重要的机会或优惠。

失去框架法句式结构：

××产品，不需要了，是吗？

××课程，不考虑了，是吗？

××商品，不需要预留，对吗？

> ⊗ **普通话术：**
> "李先生，上次您看上的那款特价沙发，还要吗？"
>
> ✓ **销冠话术：**
> "李先生，上次您看上的那款特价沙发，不需要为您保留了，是吗？"

通过这样的问话方式，销冠不仅提醒了客户这款沙发的热门程度，还暗示了客户如果不采取行动，他就可能会失去这个机会。这种方式更容易激发客户的紧迫感，促使他们尽快做出决定。当然，在使用这种方法时，我们必须确保所提到的"损失"对客户来说确实是有价值的，这包括需要花费大量时间去考察的产品、数量有限的特惠商品或者附带了额外服务的产品等。只有在这样的情况下，使用失去框架法才会更加有效和合理。

遭遇客户拒绝，
如何重启沟通，使良机再现？

在我们发送给客户的信息石沉大海，又或是打给客户的电话反复无人接听，或者正在通话中时，我们似乎已经意识到了，这是客户在拒绝与销售员进行联结。遇到这样的客户，我们应该怎么办呢？是就这样放弃，还是找一个突破口，进行二次联结？

首先，我们要明确分析，客户态度冷漠或拒绝的深层原因是什么。是产品、服务问题，还是客户本身不需要的问题？很多时候，客户的拒绝和冷漠或许并不是针对我们，而是启动了客户处理事物的自我保护机制。因此，再次进行客户联结，一定要有时间间隔，如果是客户明确表达了不满或者反感，可能需要更长的时间来冷却这种情绪。

⊗ **普通话术：**
"张女士您好，我是之前联系过您的××美容院的小王，您上次想做的项目考虑得怎么样了？"

⊘ **销冠话术：**
"张姐您好，我是××美容院的小王，上次您想做的项目，我给您申请了一份试用体验，在这周日前来体验就行，上次感觉您对这个项目还有点疑惑，正好我给您仔细讲讲，您感受一下。"

当第一次的客户联结不成功之后，客户不管是不是针对销售员本人，都已经开始有了防备心理，这个时候我们就需要利用一个心理学中的效应——登门槛效应，这是由美国社会心理学家弗里德曼和弗雷瑟于1966年所提出的。

这一效应是在他们的**"无压力的屈从——登门槛技术"**的现场实验中得出的。在实验过程中，他们先让助手向居民提出一个较小的要求，比如，在一份呼吁安全行驶的请愿书上签字，这个要求被大多数居民接受。在一段时间后，助手再次向这些居民提出一个更大的要求，即在房前竖起一块写有"小心驾驶"的大标语牌。

结果显示，之前接受了小要求的居民更有可能接受这个更大的要求。这个实验证明了**登门槛效应**的存在，即一个人一旦接受了一个微不足道的要求，为了避免认知上的不协调，或为了给人留下前后一致的印象，就有可能接受更大的要求。

回到我们的案例中，如果在与客户再次沟通时，立即切入正题讨论项目，很可能会让客户感到不自在，从而产生反感情绪。这种直截了当的方式可能会让客户觉得我们在试图强行推销，而不是真正关心他们的需求和利益。

相反，如果我们从一些微不足道的小事入手，逐步建立信任和亲近感，那么客户就有可能对我们的项目产生兴趣。随着沟通的深入，我们可以逐渐将话题转向我们的项目，提供一些免费的资源或服务，让客户体验到我们的专业性和价值。当客户逐渐感受到我们的诚意和实力时，他们就有可能对我们的项目产生浓厚的兴趣，进而建立长期稳定的合作关系。

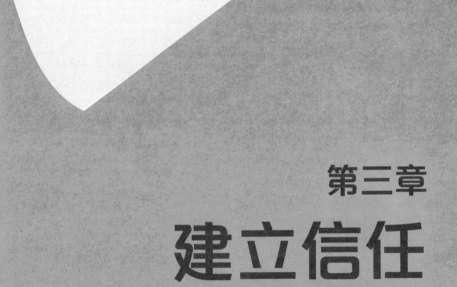

第三章

建立信任

我们知道，信任是连接品牌与客户最关键的桥梁。没有信任，再优质的产品也可能无人问津；而有了信任，销售过程也将变得事半功倍。如何巧妙地建立这份信任，是一个需要深思熟虑的问题。是用朴实无华的语言展示真诚，还是用一句话触动客户的心灵？是通过微信三件套（朋友圈、微信群、公众号）潜移默化地影响，还是在应对客户对品牌的陌生感时，展现出充分的自信与专业？在初次接触客户时，又该如何避免他们产生抗拒心理，赢得一个友好的开始？

在客户对产品效果产生疑问时，我们应该如何回应才能巩固他们的信任？在赞美客户时，什么样的技巧能让他们欣然接受，甚至感到受宠若惊？而在与客户的对话陷入僵局时，又该怎么做才能够瞬间挽回即将破裂的信任？

接下来，我们将一一探讨这些关于建立与挽回客户信任的技巧，帮助你在销售过程中更加游刃有余，从而赢得客户的真心信赖。

大巧若拙，
用真诚叩响信任之门

在销售行业中，建立与客户的信任关系是至关重要的。而建立信任的核心，就在于我们能否以真诚的态度对待每一位客户。很多销售员说，我对待客户特别真诚，但是客户的防备心特别强，就是不相信我，我也没有办法。

确实，客户有防备心理是一种本能的保护反应。但我们也必须明白，通向真诚的道路，唯有真诚本身。在销售培训中，经常有一句话流传：真诚是成功的关键，真诚不仅是建立信任和发展关系的基石，更是将潜在客户转化为真正客户的核心。

更重要的是，真诚无法伪装，需要让客户真实感受到我们的诚意。因此，我们应该充分利用心理学中的**真诚效应**，以真诚的态度和行动去赢得客户的信任和支持。

⊗ **普通话术：**

销售员："您好，我是××公司的销售代表，我们有一款新产品非常适合您。这款产品的性能非常优秀，而且价格也很合理。我是真心想推荐给您的。"

客户："哦，是吗？那你给我详细介绍一下。"

销售员："当然可以，这款产品采用了最新的技术，操作简便，而且耐用性非常好。我们公司对产品质量非常有信心，所以您可以放心购买。"

⊘ **销冠话术：**

销冠："您好，我是××公司的销售代表。我听说您最近在考虑升级设备，是吗？"

客户："是的，我们现有的设备感觉有些过时了，正在考虑替换。"

> 销冠:"升级设备是一个重要的决策,可得仔细考虑。您能跟我说说,您对现有设备有哪些不满意的地方吗?我在这行工作十五年了,我先帮您看看需不需要更换,或者只是升级一下部件就行。"
>
> 销冠:"另外,您有没有考虑过升级设备后,希望达到什么样的效果或解决什么问题?"
>
> 客户:"我们希望提高生产效率,同时减少故障率。"
>
> 销冠:"明白了。那您有没有具体的预算或时间安排呢?"

通过上面的对话,我们可以看到,销冠在与客户沟通时,并没有直接推销产品,而是以自己的工作经验和专业能力为客户提供帮助和建议,此时,他的角色已经不单单是一个推销的销售员了,我们可以称之为**非典型销售员**。

那么,这样的销售员有什么特点呢?

第一,能够想客户之所想。他们会站在客户的角度,为客户考虑。

第二,能够拉近与客户之间的距离。他们更像是客户的朋友,因此客户更容易放下戒备心。

第三,能够提供帮助和建议。他们不会进行强势推销,只适时提供有益的建议。

可以预见,这样的销售员更容易赢得客户的信任和尊重。因为他们不仅仅是在销售产品,更是用真诚在为客户提供价值和服务,而这也是建立长期合作关系的关键。

如何用一句话赢得客户的信任？ 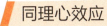 同理心效应

上文中，我们提到真诚是赢得客户信任的关键。然而，在销售过程中，客户往往不会给我们过多的时间，让我们展示真诚的一面，那么，如何能在很短的时间内，甚至只用一句话，就让客户对你产生信任呢？

我们先来认识一个心理学中的名词——同理心效应，通过表达对客户需求的深入理解和共鸣，销售员能够迅速拉近与客户的心理距离，建立初步的信任关系。同理心是人类基本的情感需求之一，当客户感受到销售员真诚的关心和理解时，他们才有可能敞开心扉，接受销售员的建议，购买产品。

场景：一位潜在客户正在考虑购买一款新的智能手机，但对手机电池的续航能力有所顾虑。

⊗ **普通话术：**

销售员："您不用担心电池续航问题，我们的手机电池续航能力非常强大。"

客户："但是我之前用的手机电池总是不够用，我很担心这个问题。"

销售员："我保证我们的手机不会出现这样的问题。"

⊘ **销冠话术：**

销冠："我完全理解您对电池续航的担心。我之前也遇到过类似的问题，当时我跟您一样，担心手机没怎么使用就没电了，于是我选了这款××手机，它的电池续航能力超强，而且造型还好看。我再告诉您一个窍门，把手机的这几个设置关了，您会发现电池续航时间大大延长了。"

客户："哦，真的吗？那太好了！"

我们先来看这段话的句式结构："我之前也遇到过类似的问题，当时我是这样解决的……"这个句式结构分为几部分，拆解为<mark>同理心效应中的 A+T+I 模式</mark>：

A（Attention）：**开头部分**吸引客户。"我之前也遇到过类似的问题"这句话用于吸引客户的注意力，因为它表明销售员与客户有相似的经历，能够引起客户的共鸣和好奇心。

T（Transition）：**中间连接**过去经验。"当时"是一个时间状语，用于连接开头部分和解决方案，说明销售员将要讲述的是自己过去的经验和解决方法。

I（Interest）：**解决方案**供给。"我是这样解决的……"这句话引起客户的兴趣，因为它承诺提供一个可能的解决方案。这不仅能展示销售员的经验和能力，还能激发客户想要了解更多详情和结果的欲望。

结合上面的案例，我们可以看到，销冠通过运用**同理心效应**的话术，成功打消了客户的顾虑。首先，表示理解客户的担心；其次，分享了自己之前的经验和解决方案。这种亲切和专业的态度让客户感到被重视和理解，从而增加了对销冠的信任。最后，还提供了具体的解决方案和产品特点来进一步巩固客户的信心。

微信三件套，
打造信任链条

建立信任的方法多种多样，其中，通过微信三件套——朋友圈、微信群和公众号来塑造个人形象，是销售环节中一种尤为有效的方法。那么，如何通过这三个工具来打造个人形象呢？这需要一些技巧。

一、我们需要明确销售中最关键的三个个人形象标签，即"真实""有温度"和"专业"

销售员是一个活生生的人，就应该有自己的喜好，如常见的跑步、瑜伽、摄影、健身等，也有一些比较冷门的，如帆船、马术等，这些爱好都是非常正能量的，当你经常在微信中展示这些爱好，就会成为一个非常鲜明的标签。

二、提供价值

比如，朋友圈的互动想要吸引客户关注，就需要你能够提供一些价值。当然，这些价值可以是各方面的，可以是一些生活窍门，也可以是一些感悟，重要的是这些不是"鸡汤"，而是真的可以提供价值，或者给客户提供其他机会。比如，客户在朋友圈发自家的房子，你可以帮忙转发，一是可以和他有互动；二是为了告诉他，自己是把他当朋友相处的。

三、作为销售，发的最多的可能就是广告了

当你的朋友圈被你打造得很好，既真实又有温度，这样的情况下，还要不要在朋友圈发广告呢，会不会人设崩了呢？

记住，作为销售，发广告是不可避免的。但是，在朋友圈等社交平台发布广告时，需要巧妙运用策略。当销售的个人形象与朋友圈环境塑造得足够真实、温暖时，广告内容应与之相协调，避免突兀或过于商业化的感觉。这样，广告不仅不会破坏个人形象，反而能够巧妙地转化为销售机会。

⊗ **普通销售员发朋友圈话术:**

"新款产品上市,欢迎咨询购买!"

"本周限时优惠,错过不再有!"

⊘ **销冠发朋友圈话术:**

"昨天和一位客户深入交流,发现我们的产品真的帮到了他,非常开心!"

"感谢 ×× 的信任,宝贝这次考试成绩满分,妈妈说我们的专注力课程对孩子帮助很大!"

"这次活动还挺给力的,才两天就有 295 位家长报名了我们的陪伴营,感兴趣的家长朋友们赶紧私聊我,名额有限哦!"

当我们晒出真实的参与名单截图时,有需求的家长自然要观察一下,是什么样的活动会吸引 200 多人参加。这种话术,就是利用了心理学中的**社交同行心理效应**。

社交同行心理效应是指人们在社交中往往会受到身边人的行为和态度的影响,特别是与自己相似或同频的群体,从而做出和同行者相同的论断或抉择的一种心理。利用人们的这种心理,我们发朋友圈的话术要记住这样的原则:**事件激发 + 号召行动,也就是 E+C 结构**。

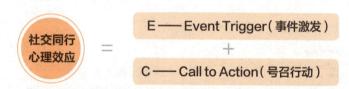

发朋友圈的话术,必须是具体的事件。比如,用客户的好评、高销量的数字来强调产品的受欢迎程度,然后加上号召行动的动作——"感兴趣的家长赶紧私聊我,名额有限",那么在客户心理效应的促使下,客户往往就会照做,如果你不提这样的要求,成交率往往就没那么高。

如何应对客户说"没听过你们这个品牌"?

自我宽恕定律

我们在跟客户介绍项目和产品时,经常会听到客户说,"我没听过你们这个品牌呀。"这时如何回答至关重要。回答得好,就能与客户建立信任感,很可能会开启进一步的销售合作;回答得不好,很可能这个客户就流失了。

> 客户:"没听过你们这个牌子呀?"
>
> ⊗ **普通话术:**
>
> 销售员:"我们这个品牌做了好几年了,很多人都听说过呢,再说,我们这可是连锁品牌,全国 700 多家连锁店呢。"
>
> ⊘ **销冠话术:**
>
> 销冠:"张总,一看您就很了解我们的行业,没听过我们的品牌,那可能是我们宣传工作做得不到位,确实,我们一直以来都把重心放在产品质量和服务上,所以在营销和宣传上有所疏忽,那正好借这个机会,我给您多介绍一下。"

如果你是客户,你会接受哪种对话方式呢?我们明显能够看出来,第一种对话,销售员很急于说服客户,但这样就等于在讽刺客户的无知,让客户下不来台,很不舒服,而且客户也并不会因此相信你说的就是真的,也有可能是吹嘘自己的品牌,客户可不会认为他没听过你的品牌是他自己的问题,只会因为你的回答而心生怨怼,这在心理学中有一个名词叫**自我宽恕定律**。

自我宽恕定律是指人们对于自己的错误、缺点总是可以很轻易地原谅,对于别人的却不行,常常认为自己的错误都是别人造成的。这种心态在日常生活中很常见,人们往往在面对自己的错误时,容易找到各种理由来解释和开脱，而对于他人的错误则往往持批评和指责的态度。

一旦这个定律启动，客户对你的印象就会变差，即使你后面说得再好，也很难继续下去了。所以这个时候切记，千万不要和客户争论，更不要指出他的问题，你需要做的就是使用"I—R—S"这个公式，即"认同—反转—强化"（Identification—Reversal—Strengthening），通过这三个步骤，让客户能够接受和认可你的观点。简单来说，先说对方想听的，再说对方能听得进去的，然后说你该说的，最后再说你想说的。

自我宽恕定律：

I（Identification）：**认同**。在情感上去认同客户此刻的感受，也就是让客户感受到被尊重，才愿意继续听你说话。

R（Reversal）：**反转**。"没听过我们的品牌，那可能是我们宣传工作做得不到位"，对客户的疑问有一个回应，并且给对方一个合情合理的解释，进一步把话题引到自己的优势上来。

S（Strengthening）：**强化**。"确实，我们一直以来都把重心放在产品质量和服务上……"将产品的优势、价值、卖点等讲出来，建立良好的信任感，为进一步合作做好准备。

通过这样的方式，我们不仅能够有效地化解客户的疑虑，更能够借此机会深入展示我们的产品优势和服务特色；这不仅体现了对客户的尊重和理解，更凸显了我们的专业素养和服务态度。

初次接触客户，
如何巧妙绕开抗拒心理？

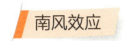 南风效应

当一个顾客进店，你是否会像看见"猎物"一样，马上起身去迎接，并且热情洋溢地问："欢迎光临，女士，您要买点什么？""姐，您想选购什么样的家具，您家多少平方米，我给您推荐一下？"

你发现了吗？有些时候，越是这样热情、滔滔不绝的问话，反而给客户带来强烈的压迫感，使客户下意识地产生了抗拒心理。

客户抗拒的四种常见类型如下：

1. 当客户选择沉默，他们往往显得较为冷淡，话语不多，这种冷淡的态度是他们表达抗拒的一种方式。

2. 客户有时会用各种借口来搪塞，例如，"我只是随便看看""我今天确实抽不出时间"，这些都是他们用来避免深入交流的借口。

3. 有时，客户会直接对我们的产品或服务、公司乃至个人提出批评，这也是他们表达不满和抗拒的一种方式。

4. 客户可能还会提出一系列问题，无论是我们能想到的，还是出乎我们意料的，这些问题往往都是他们探寻真相、表达疑虑的方式，同样也是抗拒的一种表现形式。

如果我们不能避免初次接触后客户产生的抗拒心理，那么，成交的可能性几乎为零，此时，需要我们来应用一个心理学中的概念——南风效应。

南风效应来自法国作家拉·封丹写的一则寓言。在寓言中，北风和南风相遇并决定进行一场比赛，以测试谁的力量更强大。它们选择了一个共同的目标：看谁能让行人脱掉身上的大衣。

北风鼓起劲，开始呼呼地吹起冷风。它的风势凛冽、寒冷刺骨，意图通过强大的力量迫使行人脱下大衣。然而，出乎北风的意料，行人面对寒冷的北风，反而将大衣裹得更紧，以抵御北风的侵袭。

南风没有选择像北风那样用冷风逼人，而是轻轻地吹起温暖的南风，顿时风和日丽，气候宜人。在这种舒适和温暖的环境中，行人开始感到暖和，逐渐解开大衣的纽扣，并最终脱下了大衣。

南风效应告诉我们，**当我们越想成交的时候，就越要忘掉成交**。客户产生抗拒心理，归根结底是因为客户对销售员心存戒备，认为你就是要推销东西给他，赚取他口袋里的钱。那么，怎样做才能避免客户抗拒呢？反其道而行之。

⊗ **普通话术：**
销售员："您好，您看看想要买哪种水果，我给您推荐一下。"
⊘ **销冠话术：**
销冠："姐，这是我们店新到的水果，买不买都没关系，您可以先尝尝，怎么样？很甜吧，我们现在搞新品促销活动，买两斤送一斤，特别划算呢。"

当我们把"买不买都没关系"这样的话说出来的时候，就已经在解除客户的防备心理了，也更能获得客户的信任。

但这就足够了吗？不，我们的目的是留住客户进行销售，所以下一个动作就特别重要，锁定客户。"怎么样？很甜吧，我们现在搞新品促销活动，买两斤送一斤，特别划算呢。"这句话再次把客户带入销售环境中，进行销售动作，我们把这个方法叫作**"解锁法"**。

这个方法有两步，先通过解除客户抗拒，让客户没有压力和心理负担，再锁定价值，吸引客户的注意力和建立信任感，也就达到锁定客户的目的了。

如何巧妙回应客户
"产品效果好吗？"

刚跟客户进行接触时，由于互相不够了解，客户经常会对你的公司和产品持有怀疑的态度，特别是你的公司正在起步阶段，或者还不知名的情况下，客户经常会问：

"你们产品的效果好吗？"

"你们公司靠谱吗？"

"你们的售后服务怎么样？"

当然，客户提这些问题太正常了，因为彼此之间还没有建立稳定的信任关系。遇到客户问这些问题时，我们的销售员是不是大抵都会做出肯定的回答？

⊗ **普通话术：**

"我们的产品效果您放心，保证没问题。"

"我们这么大的公司，肯定靠谱呀。"

"我们的售后服务您放心，差不了的。"

✓ **销冠话术：**

"目前来看，这款产品的口碑还是不错的，光是在旗舰店的好评率就达到了99%，在热卖榜上现在还排第一名呢。"

"我们公司是20××年成立的，现在都有8年了，像您这样的客户，我们已经服务了两万多位啦！"

"我们的产品都是经过技术部门严格把关的，工程师进行了上万次的测试，一般用五年是没有问题的。"

其实，在遇到客户质疑产品等问题时，肯定的回答是对的，但是直接的肯定回答缺乏说服力，不足以打动客户，这时候，我们就需要展示"信任状"，来消除客户的疑虑。

在全球著名的营销战略家杰克·特劳特所提出来的**特劳特定位理论**中，其中有一项就是**"信任状"**。通过展示信任状，可以向客户传达产品的价值和优势，从而与竞争对手区别开来，与客户之间建立信任关系，获得客户的认可。

"信任状"有很多表现形式。比如，数字证明，"光是在旗舰店的好评率就达到了99%，在热卖榜上现在还排第一名"，这里使用了精确的数字（99%的好评率、热卖榜第一名）来展示产品的口碑和受欢迎程度，从而增强客户对产品的信任。

还可以强调公司的历史和服务经验来建立信任状，如"我们公司是20××年成立的，现在都有8年了，像您这样的客户，我们已经服务了两万多位啦！"这些数字不仅展示了公司的稳定性和丰富的服务经验，还向客户传达了公司能够持续提供优质服务的信息。

"信任状"也可以是产品材料的证明、评估报告等。"我们的产品都是经过技术部门严格把关的，工程师进行了上万次的测试，一般用五年是没有问题的"，等等，这些精确的数字最能传达品牌的可靠性、专业性和可信任性。

当然，在使用"数字证明"的"信任状"时，也要注意以下三方面：

关联：你说的证明数字要和客户提的问题是关联的，不可以驴唇不对马嘴，他问你公司靠谱吗，你却回答说产品有多少项专利，这种回答不仅没有效果，还会让客户认为你是在回避问题。你说的数字，一定是为了佐证你给客户的答案才行。

精确：你说的数字要尽量精确，才有可信度。

可靠：你说的数字来源要真实可靠，有据可依，不是凭经验得来的。

只有掌握这三个原则，才能更好地展示"信任状"，让客户与你建立信任关系，方便开展下一步销售活动。

如何赞美客户，
客户招架不住？

在销售过程中，通过适当的赞美来增加客户的信任感是一种非常有效的策略。因为渴望得到别人的认可和赞美是人的本能需求。但是在实际销售过程中，常常会听到销售员抱怨，在夸客户的时候，总觉得很尴尬，很虚伪，客户还不买账，总觉得是在"拍马屁"。

为什么会有这种感觉呢？因为你的赞美使用不当，让客户感觉你在故意讨好和敷衍，结果自然不言而喻。那么，怎样赞美客户，他才愿意接受，并且招架不住呢？我们先来认识一个心理学概念——刺猬法则。

这个法则源自一则有趣的寓言：在寒冷的冬季，两只困倦的刺猬因为冷而拥抱在一起，但是由于它们各自身上都长满了刺，紧挨在一块就会刺痛对方，反倒睡不安宁。于是两只刺猬就离开了一段距离，可是又实在冷得难以忍受，因此就又抱在了一起。折腾了好几次，最后它们终于找到了一个比较合适的距离，既能够相互取暖又不会被扎。

这个心理学概念强调的其实是人与人之间交往时，要有一个心理距离，保持适当的距离是非常重要的。如果我们在赞美客户的过程中很好地使用这个法则，适度赞美，不远不近，不偏不倚，恰到好处，那客户必然愿意接受。

⊗ **普通话术：**
　　销售员："张总，您真是太优秀了，真是我们的榜样呀！"

⊘ **销冠话术：**
　　销冠："张总，刚见到您的时候，觉得您看起来很普通，但上次与您简单沟通后，我发现，您简直是太厉害了，您的每句话都说到我心坎上了，让我受益匪浅，以后您就是我的榜样，有机会还想向您再请教请教。"

首先，你的赞美一定要具体，而且要有事实依据。客户很胖，你就不能夸她身材不错；客户学历不高，你就不能夸他知识渊博。夸客户优秀，要具体说他因为什么优秀，有事实依据才会让你的夸赞更加真实。

其次，你还可以先否定再肯定。像上述销冠话术这样，从质疑对方转变为极力地拥护对方，也会起到很好的效果。然而，对于销售员来说，仅仅这样还不够，因为很多客户对销售员本能地持有防备心理，这个时候，我们就要采取 "P+A 赞美法"。

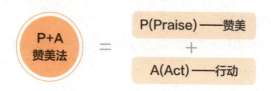

先赞美，再行动，先说"您的每句话都说在我心坎上了，让我受益匪浅"，再说"有机会还想向您再请教请教"，不但为下次见面或者沟通留下伏笔，还让人感觉你特别真诚，因为，真正的认可是一定要落实到行动上的。

获得客户信任
最有杀伤力的话是什么？

许多销售员在向客户推销产品时，常常倾向于过度美化产品，恨不得把产品描述得无所不能。然而，这种做法达到的效果往往并不尽如人意。因为顾客可能会觉得你只是在不择手段地追求销售额，推销你的商品，从而难以建立信任。

有趣的是，有时候，你向客户坦露产品的一些非核心缺陷，反而能够赢得客户的信任。因为这样做会让客户觉得你是一个值得信赖的人，而不是一个只看重利润、不择手段的销售员。这种做法在心理学中被称为**自我暴露原理**。

在心理学中，自我暴露原理是一种人际交往法则。适当地自我暴露，无论是暴露自己的弱点、真实想法还是一些个人事实，通常都能够增加他人对你的好感，并促使对方也更愿意向你敞开心扉。

以一位寻求轻便笔记本电脑的商务人士为例，你可以这样建议：

"如果您需要一款轻便易携的笔记本电脑来方便出差，那么这款可能不是您的首选。这款电脑虽然性能强大、屏幕清晰，但因为它配备了高性能硬件和大容量电池，所以可能会稍微有些重，对于经常需要携带电脑出门的您来说，可能会觉得稍显笨重。"

这样，顾客会立刻感受到你是在根据他的实际需求给出建议。

客户："这款运动鞋的舒适度怎么样？"

❌ **普通话术：**

销售员："这款运动鞋舒适度极高，而且透气性好、支撑性强、抓地力也很棒！"

✅ **销冠话术：**

销冠："如果您注重舒适度，那么这款鞋确实是个不错的选择。

> 它的鞋底设计防滑耐磨，鞋面材质也非常透气，性价比很高。不过，如果您需要有特别强支撑性的运动鞋，那么可能需要考虑其他款式，因为这款鞋的支撑性虽然不错，但并不是市场上最强的。"

如何具体运用自我暴露的话术呢？你可以采用"N—M—B"话术结构：

需求（Need）—匹配（Matching）—利益（Benefit）

N：重申客户的需求。

M：将产品特性与客户需求相匹配。

B：分析产品如何符合客户的利益。

在销售过程中，站在客户的角度来选择产品，并客观地展示产品的优势与不足，这样客户就能感受到你是在设身处地为他们考虑，从而迅速建立对你的信任。

与客户对话陷入僵局，如何用一句话换回信任？

在营销场景中，我们经常会碰到某些客户，他们内心可能觉得价格偏高，但不会直接说出来，而是通过挑剔产品的其他方面来隐晦地表达，希望销售员能够心领神会。销售员虽然可能揣摩到客户的真实意图，但通常也不会直接点破，而是针对客户的挑剔逐一解释，从而导致双方陷入一种僵持的状态。

然而，当这种僵持持续过长，就像紧绷的弦随时可能断裂，双方关系逐渐紧张，甚至走向破裂，交易也因此无法顺利达成。那么，如何解开这个复杂的结呢？这需要我们深入理解一个心理学中的概念——**透明度错觉**。

透明度错觉是一个揭示人性的有趣现象。它指的是人们往往过于自信地认为自己的内心世界和情感状态能够被他人轻易地理解和感知。简言之，人们常误以为自己的心思是透明的，而事实上，这只是一种错觉。

因此，在这种情况下，我们不应只是针对客户的挑剔进行回应，而是要勇敢地揭示客户隐藏在挑剔背后的真实需求，这样顾客才会感受到被理解，从而建立对我们的信任。

客户："你们的服务流程太烦琐了，而且产品颜色选择也太少了！"

❌ **普通话术：**

销售员："我们的服务流程是经过精心设计的，并不烦琐。而且产品颜色选择也并不少啊！"

✓ **销冠话术：**

销冠："我注意到您对我们的服务流程和颜色选择有些意见，是不是因为您觉得整体价格偏高，所以希望我们能在这方面做得更好？让我来为您详细解释一下我们的定价策略，以及我们为什么在服务流程和颜色选择上这样做……"

在上面的这个案例中，销冠在与顾客的交流陷入僵局时，采用了"S+N+E 法"来迅速打破僵局。这个方法包含了三个步骤：

第一步，概述现状（Situation）："我们似乎在某些问题上存在分歧，比如，服务流程和颜色选择。"

第二步，明确需求（Need）："我感觉您可能对我们的价格有些疑虑，是不是这样？"

第三步，给予阐释（Explanation）："关于您提到的服务流程和颜色选择，我可以解释一下我们这样设计的原因，同时我们也可以讨论一下价格方面的解决方案。"

切记，销售员一定要避免仅仅针对顾客的表面挑剔进行解释和争辩，这样做通常不会有实际效果。相反，销售员应深入洞察顾客话语背后的真实需求，并向顾客展示你完全有能力满足这些需求，最终建立客户对你的信任。

第四章

了解需求

在销售领域有这样一句话："销售就是满足客户需求的过程。"每一个销售人员都应该明白，了解客户需求是提升销售业绩、与客户建立长期合作关系的关键。但是在实际销售过程中，销售人员却总是出于各种各样的原因，无法准确地找到客户的"痛点"，那么，如何才能够更好地了解客户的需求呢？

客户进门就问"最低多少钱"，如何回应？

在销售过程中，当客户询问产品的最低价时，这对于许多销售员来说是个不小的挑战，可能会因为缺乏经验，应对不当而错失销售机会。以下是两种常见的错误应对方式：

一、直接亮出底价

"您好，这款沙发最低售价是 6800 元，这已经是我们的底价了。"

这种应对方式的风险在于，如果客户对产品的价值还没有充分了解，那么无论价格多低，他们都可能会觉得贵。另外，如果客户已经对市场行情有所了解，那么报价过高可能会让他们放弃购买，报价过低则可能损害销售方的利润。

二、回避价格问题，转而强调价值

"您好，价格问题您不用担心，我们一定会给您一个满意的价格。让我先为您详细介绍一下这款产品吧……"

这种方法对某些客户可能有效，但对于那些已经对产品有所了解并比较过价格的客户来说，这种回避策略可能会让他们心生不满，觉得销售员没有直接回答问题。

虽然说"价值未明，价格难定"，但过分绕弯子也可能让客户反感。在不清楚客户需求的情况下，直接给出具体价格是有风险的。一个更好的策略是给客户提供一个价格范围，并借此机会深入了解他们的需求。

客户："你们这款笔记本电脑最低价是多少？"

⊗ **普通话术：**
销售员："最低 5500 元，已经是底价了，不能再少了。"

上面这个案例，你更愿意接受哪位销售员的介绍呢？自然是第二种，因为他利用了心理学上的**巴纳姆效应**，这是由心理学家伯特伦·福勒于 1948 年通过试验发现的一种心理学现象。它表现为人们容易相信笼统的、一般性的人格描述，认为它特别适合自己，并准确地揭示了自己的人格特点，这种现象被称为巴纳姆效应，也被称为福勒效应或星相效应。

巴纳姆效应 = 给价格区间 + 客户的需求 + 进一步的预算

在销售过程中，当销冠给出一个价格区间，能让客户感觉产品更符合他们的预算和需求，从而能增加他们进一步了解产品的兴趣。

当客户询问价格时，直接给出一个具体的价格可能是有风险的。用巴纳姆效应则可以在回答客户问题的同时，保持对话的开放性，并进一步了解客户的需求，给出对方相对满意的答案。这种方法特别适用于销售员对客户需求尚不完全了解的情况。

客户说"我就随便看看"，怎么回应？

欲取先予

客户轻步踏入店内，我们带着热情的微笑迎接，然而，客户似乎对此并不感冒，只是淡淡地表示："我就随便看看。"面对这样的情况，我们该如何应对呢？下面这些错误看看你有没有经历过？

一、盲目顺从

"好的，您随便看，如果需要帮助就叫我。"

这样回答看似尊重客户的选择，但实际上缺乏主动服务的意识。客户很可能就真的随便看看然后离开。

二、轻易放弃

"嗯，好的。"

如果我们认为客户没有购买意愿就选择放弃，这种漠不关心的态度更容易让客户感到被忽视，从而对销售员甚至整个店铺产生负面印象。

三、强行推销

"您好，您看看这款，这款是我们店里的热销产品……"

这种紧跟客户、强行推销的方式会给客户带来压力，客户原本就心存顾虑，可能会因为我们带来压迫感而感到不自在，最终选择离开。

其实，当客户表示"随便看看"时，他们可能是暂时没有找到心仪的商品，或者对销售员抱有戒备心理，担心被推销不需要的商品。在这种情况下，我们可以采用"迂回战术"，即先判断客户的需求，再逐步引导，这时候就需要用上我国古代的兵法策略——**欲取先予**，它的原意是为了获取某种利益或达到某个目的，首先要给予对方一些好处或者做出某种让步。销售员可以尝试用**"顺应—探寻—给予"**三步法来应对。

客户："我就随便看看。"

⊗ **普通话术:**
销售员："好的，您慢慢看。"

⊘ **销冠话术:**
销冠："好的，您先随便看看，买不买都没关系，今天外面天气挺热的，您先喝点水。我看您一直在看我们的香水，是打算自己用呢，还是送给朋友？我们这儿有小样，送您一支，您先感受一下香味，看看喜不喜欢。"

第一步，顺应。 理解并尊重客户的意愿，给予他们足够的空间自由浏览商品，同时用其他方法，如送水等和客户保持联系。

第二步，探寻。 在与客户建立初步联系后，销售员可以通过观察客户的表情和反应，进一步询问他们的需求和期望，以便为客户提供更加精准的服务，"我看您一直在看我们的香水，是打算自己用呢，还是送给朋友？"

第三步，给予。 在了解客户需求的基础上，进一步开展销售工作。"我们这儿有小样，送您一支……"

总之，当客户表示"我就随便看看"时，我们要熟练运用"顺应→探寻→给予"三步法来应对。通过尊重客户的意愿、了解客户的需求和期望，以及提供个性化的产品和服务，为客户提供更好的购物体验，能够增加自己的销售业绩。

为什么你问的问题，
客户总是不愿回答？

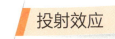
投射效应

在销售领域，**提问是一门至关重要的艺术**。我们经常需要通过提问来了解客户的需求、预算和期望，从而为客户提供合适的解决方案。然而，我们经常发现，我们问的问题，客户不愿意回答，甚至有时候还会产生反感心理，这样不仅无法了解客户的需求，还会让销售就此中断。

因此，为了避免你问的问题，客户总是不愿意回答，我们要掌握下面三个原则。

一、不提私密性问题

比如，询问客户的年龄、婚姻状况、家庭情况等。这类问题涉及个人隐私，容易让客户感到不适和警惕。

二、不提敏感性问题

比如，直接询问客户的预算、收入或财务状况。这类问题会让客户感到不自在，甚至怀疑销售员的动机。

三、不提深奥的哲学问题

比如，探讨生命的意义或价值观等。这类问题不仅与销售无关，还可能让客户陷入深思，产生逃避心理。

知道了哪些问题不能提，那么哪种提问能够了解客户的需求，让客户不知不觉间透露出更多信息呢？我们需要了解心理学中的**投射效应**。

投射效应，其实源于经典精神分析理论中的自我防御机制，是个体为了对抗来自本能冲动及其所诱发的焦虑，保护自身不受潜意识冲突困扰而形成的一种无意识、自动起作用的心理手段。当客户在购买商品之前，通常对这种商品带有强烈的个人意愿，如果贸然推销，很容易引起客户的"投射反应"，将对产品的主观认识投射到现下的商品中，从而影响客户最终的购买意愿。

那么，我们在销售中要尽量避开这个效应，通过逐步深入的提问方式，慢慢了解客户的需求。

举个例子，假设你是一家家具店的销售员。一开始，你不应该直接询问客户对家具的预算或品位，而应该从更广泛的话题入手，如询问客户对家居风格的喜好，或者他们最近是否有装修的打算。这样的话题相对轻松，不会让客户感到有压力。

随着对话的深入，你可以逐渐过渡到更具体的问题，如询问客户对沙发的材质、颜色或款式的偏好。这些问题仍然保持在一个相对舒适的范围内，同时又能帮助你更准确地了解客户的需求。

最后，在客户表示出购买意愿时，你可以提出更具体的问题来锁定交易，如询问客户对配送时间的期望，或者他们是否愿意参加店内的活动。

这样的提问方法往往不会让客户感到反感，反而会让客户愿意和你交流，因为这利用了**"COC 提问法"**。

这是一种有效的销售提问技巧，它包括三个阶段：

封闭式问题（Closed）开场，开放式问题（Open）深入，封闭式问题（Closed）结尾。

第一，封闭式问题开场。要记住，这类问题通常只有一个或几个固定的答案，便于我们引导对话的方向。比如，在客户进店时，你可以问："您好，请问您是来看沙发还是餐桌？"这样的问题既礼貌又直接，有助于快速了解客户需求。

第二，开放式问题深入。在了解了客户的基本需求后，你可以使用开放式问题来进一步了解客户的期望和偏好。比如，"您对沙发的风格有什么特别的要求吗？"这样的问题能够鼓励客户表达更多的想法。

第三，封闭式问题结尾。当客户表现出购买意向时，你可以使用封闭式问题来锁定交易。比如，"这一款跟您的要求很匹配，您试坐一下。"这样的建议能够帮助客户做出明确的决定，促使订单成交。

向客户提问，
如何问到点子上？

缺乏经验的销售员在与客户交流时，往往由于无法精准提问，导致交流结束后仍对客户的情况知之甚少，从而得出错误结论，认为客户没有购买意愿，但客户却选择了竞争对手的产品，而我们对自身失利的原因一无所知，不明所以。

在营销领域，有这样一个富有启发性的小故事：一条繁华的街道上有三家水果店。一日，一位老太太踏入第一家店铺，询问："你们这儿有大枣出售吗？"店主兴奋地回应："当然有，我们的枣不仅个头大，而且味道甜美，新鲜度十足！"出乎意料的是，老太太转身离去，留下店主一头雾水，不知道哪句话说得不对。

随后，老太太踏入第二家水果店，提出了相同的问题。店主热情地回应："我们店里有甜枣和酸枣，您更偏好哪一种呢？"老太太表示想要购买酸枣，并满意地买了一斤回家。

次日，老太太再次来到这条街，走进了第三家水果店。前面的对话与前一天在第二家店中的情形如出一辙。然而，在称重时，第三位店主好奇地询问："大多数顾客都偏爱甜枣，您为何却选择酸枣呢？"老太太解释道："我儿媳妇怀孕了，她最近特别喜欢吃酸枣。"得到准确消息的店主，适时推荐了其他产品，最终，老太太不仅购买了酸枣，还额外买了些其他水果以补充孕妇所需的营养。

我们知道，销售的精髓在于：多一个答案意味着多一份信息，多一份信息则意味着多一种策略。这个时候，我们要利用心理学效应中的**信息对称法则**。

信息对称法则是指在信息交流和危机处理过程中，应努力避免信息不对称的情况，保持信息的双向畅通和对称性。在销售过程中，关于客户的信息掌握得越多，越有助于我们了解并满足客户需求，从而提升销售成功的可能性。

那么，如何熟练使用"信息对称法则"，更精准地把握客户需求呢？不妨尝试**"六要素询问法"**。

⊗ **普通话术：**

销售员："你想选购中式风格还是欧式风格的沙发？"

客户："中式的。"

销售员："那您看看我们这边都是中式风格的沙发。"

客户："好的，我看看。"

⊘ **销冠话术：**

销冠："您好，请问您对沙发的风格和舒适度有什么特别的要求吗？"

客户："我比较喜欢中式风格，感觉比较符合我家的装修风格。"

销冠："中式风格的沙发确实很有韵味。您是想为家里的哪个空间选购沙发呢，是客厅、卧室，还是其他地方？"

客户："我想给书房添置一套。"

销冠："明白了，书房是一个安静且舒适的环境，中式沙发确实是个不错的选择。您对于沙发的尺寸有特定的要求吗？比如，需要容纳几个人坐或者需要特别大的空间吗？"

客户："不需要特别大，舒适就好。"

销冠："那您对沙发的材质有要求吗？比如，是否更倾向于实木框架、皮质坐垫或者布艺沙发？"

客户："我更喜欢实木和布艺的结合，感觉比较自然。"

销冠："这样的组合确实既环保又舒适。最后，请问您是如何了解到我们品牌的呢？是朋友推荐、广告看到，还是其他途径？"

客户："我是通过朋友介绍知道的。"

我们来看销冠运用的**"六要素询问法"**：

What：要什么—— 询问客户具体想要什么样的产品或服务。

Why：为何选—— 了解客户为什么选择某种产品或服务，他的购买动机是什么。

Who：给谁用—— 询问产品或服务是为谁准备的。

When：何时用—— 确定客户打算何时开始使用产品或服务。

Where：用在哪—— 询问产品或服务将在何处使用。

How：怎么知—— 了解客户是如何得知品牌或产品的。

其实，客户需要什么、为何选择、为谁购买、何时使用、在何处使用，以及他们如何了解到我们的产品，每个问题都至关重要。比如，询问客户想要的沙发类型有助于我们精准推荐；了解他们的选择原因能知道购买动机；知道为谁购买则能帮助我们为客户提供更贴心的产品建议；询问使用时间和在何处使用可以进一步细化需求；了解客户如何得知我们的产品，对于优化营销策略也大有裨益。

挖到客户的需求，
是否应该马上推荐产品？

当我们在销售过程中已经发现客户的需求，也就是我们常说的找到了客户的"痛点"，这个时候是不是应该马上推销商品，以解决客户的"痛点"呢？然而，就在我们把商品或项目抛出去后，客户并不买账，这个时候，我们就会心存疑虑了，明明客户是有需求的，为什么不买呢？

这个时候，我们需要认识一个公式：**改善价值公式**。

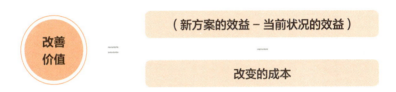

改善价值 ＝ $\dfrac{新方案的效益 - 当前状况的效益}{改变的成本}$

人们总是倾向于追求利益而规避不利因素。若我们想要说服他人接受某一观点或行动，必须通过深入分析其利弊得失，并强调其潜在的问题，从而影响他们的决策天平。

下面我们来看一个医生如何说服病人坚持治疗的案例：

一位病人向医生诉苦："治疗糖尿病的药太贵了，我不想再吃了。反正我都这把年纪了，还怕什么！"医生劝解道："糖尿病是慢性病，如果不坚持用药控制，可能会引发一系列并发症，如视网膜病变、足部溃疡等。虽然现在停药能省下一部分钱，但长期来看，如果病情恶化，不仅治疗费用会大幅增加，您的生活质量也会受到严重影响，甚至可能需要家人的长期照顾。"听完医生的话，病人决定继续按医嘱服药。

在销售过程中，如果客户的"痛点"不够痛，再好的解决方案也难以打动他们。因此，在找到客户的"痛点"后，我们应进一步凸显这些问题的严重性。

新方案的效益减去当前状况的效益，便是解决客户痛点的真正价值。

为了让客户愿意采纳新方案，我们需确保这一价值超过改变的成本，也就是需要我们有效地放大客户的"痛点"。

那么，如何有效地放大客户的"痛点"呢？我们可以采用"**痛点放大器**"策略，从更长的时间跨度、更广的视角或多个角度来审视问题。

考虑更长远的影响：引导客户从长远角度看待问题。例如，一个看似小的问题，若长期存在，其影响可能会逐步放大。

⊗ **普通话术：**
　销售员："您现在的手机已经过时了，换部新的吧！"

✓ **销冠话术：**
　销冠："虽然您现在的手机还能用，但考虑到技术更新迅速，一部新手机不仅能提供更流畅的体验，还能确保您在未来几年内都不会落伍。"

开阔视野：帮助客户看到更广泛的影响。例如，一个小的决策可能会影响到整体的风格或效果。

⊗ **普通话术：**
　销售员："这张沙发看起来有点旧了，换张新的吧！"

✓ **销冠话术：**
　销冠："您家的装修风格这么现代，这张沙发可能显得有点过时了。换一张新沙发，可以让整个客厅焕然一新。"

多角度思考：从多个角度分析问题，展示产品的优劣。例如，一个功能的缺失可能会带来意想不到的结果。

⊗ **普通话术：**

销售员："这款电视没有智能功能，但价格便宜。"

⊘ **销冠话术：**

销冠："虽然这款电视价格实惠，但是没有智能功能，考虑到智能功能可以为您带来更丰富的娱乐体验，而且还能与您的智能家居系统相连，或许另一款电视更值得购买。"

　　找到客户的痛点后，我们可以运用**"改善价值公式"**来帮助客户清晰地看到使用我们的产品所带来的长远利益和潜在好处。除了强调产品的效益外，我们还需要关注客户改变的成本。这包括经济成本、时间成本和心理成本等。我们要让客户明白，选择我们的产品不仅是为了解决当前的"痛点"，更是一种长期的投资。同时，通过从更长的时间跨度、更广的视角或多个角度来审视问题，我们可以帮助客户看到问题的严重性和紧迫性，从而激发他们购买产品的欲望。

如何说能唤醒客户的潜在需求？ 情绪价值

随着现在销售平台的多元化，通过网络直播平台购物已经成为一种流行的购物方式。当我们沉浸在直播画面中，看到主播热情地介绍美食，吃得津津有味时，往往会不由自主地产生购物的冲动。其中，就有一个重要的概念在起着作用，那就是**情绪价值**。

情绪价值是指商品或服务所带来的情感体验和心理满足，而不仅仅是物质价值。在网络直播平台中，主播们通过生动演示、真诚推荐和积极互动，为观众创造了一种愉悦、兴奋的情绪氛围。这种氛围使观众在购买商品的同时，也获得了一种情感上的满足和享受。这用在任何销售方面都是非常适用的。

⊗ 普通话术：

销售员："先生，您好！这是我们的新款汽车，它配备了先进的××引擎，拥有超高的燃油效率和强大的动力。车内空间宽敞，驾驶体验非常舒适。如果您现在购买，我们还可以给您提供一定的优惠。"

⊘ 销冠话术：

销冠："哥，您是不是一直在找那种既适合日常代步，又能让您在周末带着家人去郊外游玩的酷炫座驾啊？告诉您个好消息，这款新车简直就是为您量身定制的！想象一下，阳光灿烂的周末，您开着它，载着家人，穿梭在风景如画的乡间小路上，那种感觉太美好了！而且这车的燃油效率非常高，动力又强劲，开起来畅快淋漓！现在购买还有专属优惠，简直物超所值！"

普通销售员的话术主要集中在介绍产品的功能和价格上，虽然这些信息对于客户来说很重要，但缺乏情感上的连接和吸引力。

销冠不仅介绍了产品的功能，更重要的是，通过描绘一个美好的场景来触发客户的情感反应。让客户想象自己开着新车与家人共度美好时光的画面，从而唤醒了客户对家庭幸福和美好生活的向往。这种情感上的连接和共鸣，使客户更容易产生购买欲望。

因此，在销售过程中，我们如果能将产品本身所带有的情感吸引力与传递情感的能力相结合，就能影响客户的购买决策。同时，这种影响还与客户的需求匹配度密切相关。

在销售中，情绪价值可以用一个简化的公式来表示其对客户购买决策的影响：

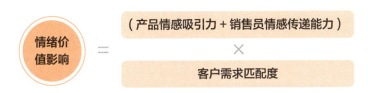

产品情感吸引力：指的是产品本身所能引发的客户的情感体验。例如，一个设计精美、功能强大的产品可能会让客户感到兴奋和满足，从而产生购买欲望。

销售员情感传递能力：指的是销售员通过语言、肢体动作等方式传递积极情感，与客户建立情感连接的能力。一个优秀的销售员应该能够感知并回应客户的情感需求，从而增强客户的购买意愿。

客户需求匹配度：指的是产品与销售策略是否与客户的真实需求相匹配。只有当产品或服务能够满足客户的实际需求时，情绪价值才能得到最大化的体现。

通过对比可以看出，销冠的话术更注重运用情绪价值来唤醒客户的购买欲望。不仅介绍了产品的功能特点，还通过描绘美好场景和触发客户情感反应的方式，让客户更加深入地感受到产品带来的价值和幸福感。这种销售策略往往能够更有效地激起客户的内心需求，从而达到销售的目的。

客户说我现在没需求，如何回应？

在销售过程中，我们常常会碰到客户以"我不需要"或"我没需求"为由，拒绝进一步了解我们的产品，使销售进程戛然而止。然而，客户的这种说辞真的就代表了他们的真实想法吗？

在销售领域，流传着一个关于如何将梳子卖给和尚的经典故事，其精髓就在于如何巧妙地创造需求。这一理念与美国著名社会心理学家亚伯拉罕·马斯洛提出的**"马斯洛需求层次理论"**不谋而合。该理论深入剖析了人类需求的五个层次：**从基本的生理需求，到安全需求，再到社交需求、尊重需求，最终实现自我实现的需求。**

因此，当客户声称"没需求"时，那或许只是暂时的。我们的任务就是要根据产品或服务的特点，精准定位其能满足客户的哪一层次需求，并通过**时光对比法**来唤醒或创造客户的需求。

> ⊗ **普通话术：**
> 销售员："张姐，您有没有觉得现在的皮肤比较干涩呀？"
> 客户："还好吧，可能是这两天没睡好。"
>
> ⊘ **销冠话术：**
> 销冠："张姐，许久不见，我看您的皮肤状态比之前更好啦！"
> 客户："没有啦，之前脸上长痘痘，现在消掉啦。但还是觉得不够好。"
> 销冠："那您觉得现在的皮肤有哪些需要提升的？"
> 客户："我觉得现在的皮肤有点干涩。"
> 销冠："正好我们的产品对解决皮肤干涩特别有用，我给您拿两个小样，您试试看。"

从上面的案例可以看出，**"时光对比法"**话术结构可以概括为：

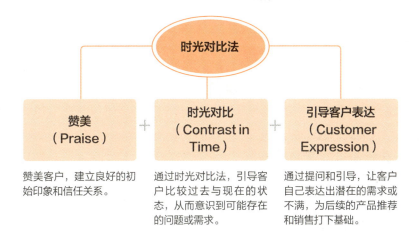

在这个案例中，销冠首先赞美客户的皮肤状态好，这样的开场白不仅建立了良好的第一印象，还营造了和谐的交流氛围。接下来，运用"时光对比法"引导客户回忆过去："我看您的皮肤状态比之前更好啦！"客户可能会谦虚地回答并表达出自己的想法："没有啦，之前脸上长痘痘，现在消掉啦。但还是觉得不够好。"此时，销冠顺势而为，引导客户表达出自己的需求："那您觉得现在的皮肤有哪些需要提升的？"客户在思考后说："我觉得现在的皮肤有点干涩。"这样一来，销冠就成功地引导客户表达出了潜在的需求，为后续进一步销售打下了良好的基础。

如何确保客户的
需求是准确和完整的?

社会渗透理论

在销售过程中,每个销售员都应明白一个道理:需求信息的准确性和完整性对于成功的销售至关重要。我们常常会遇到一个普遍的难题——许多客户对自己的想法和需求守口如瓶。这样一来,无疑给我们的销售工作带来了不小的挑战。

面对这样的挑战,我们该如何突围,确保能够获取到准确且详尽的客户需求呢? 这时,我们可以借鉴心理学中的**社会渗透理论(Social Penetration Theory)**。该理论阐释了人际关系的发展过程,即通过逐渐地、层层递进地分享个人信息来增进彼此的亲密感。在人际交往初期,人们通常会交流一些表层的信息,例如,个人爱好或兴趣,然后随着关系的逐渐升温,开始分享更深层次的内容。

因此,如果能够更好地了解客户需求,而不被客户反感,并且能够打开客户的话匣子,这种情况正好可以使用这个理论,我们来看看销冠是如何操作的。

问客户所在消费层次需求:

销冠:"姐,我看您的皮肤这么好,您用的啥护肤品呀?"

客户:"××牌子。"

销冠:"那您这一年在化妆品上投入不少钱呀,姐,方便透露一下,您是做啥的吗?"

聊所在阶层消费需求:

销冠:"哎呀,最近我也想买个小房子,哪里的房子好一点呢? 姐,您见多识广,比较了解,给我建议一下呗。"

客户:"哪里哪里。"

销冠:"姐,您家住的小区一定很好吧,在哪个小区? 房价多少呢?"

通过这种循序渐进的沟通方式，客户会逐渐放松警惕，更愿意分享真实的需求。在实施这一策略时，我们可以将其归纳为**"LDCS 法"**：

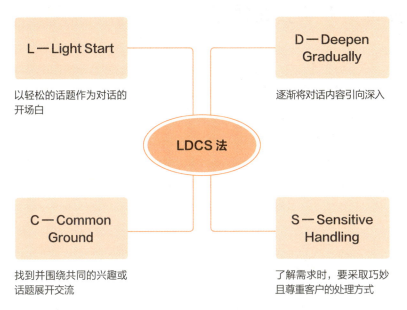

通过遵循"LDCS"法，并灵活运用沟通技巧，我们不仅能够有效地获取准确且完整的客户需求，还能与客户建立更加紧密和信任的关系，这将为我们后续的销售工作奠定坚实的基础，并助力我们在激烈的市场竞争中脱颖而出。

同行数人，
如何分辨真正有需求的客户？ 需求观察法

在繁华的商场中，我们时常会遇到三五成群的顾客，他们说说笑笑地进店，看着商品挑挑拣拣。然而，在这群人里，可能只有一位是真正怀揣着购买欲望的潜在顾客。那么，作为销售员，我们该如何精准地识别出这位有需求的"真命天子"，并成功实现销售目标呢？

这就不得不提到心理学中的一个核心概念**"非言语沟通"**。非言语沟通，顾名思义，是指**通过声音、肢体语言、面部表情、目光交流、人际距离，以及时间把控等非语言方式来传递信息**。在销售场景中，这种沟通方式显得尤为关键。

基于此，我们提出了一种高效策略——**需求观察法**，以帮助销售员洞悉顾客的真实需求。以下是几个核心的观察维度：

一、要密切关注顾客的注意力集中程度

在同行的人群中，那个对产品表现出浓厚兴趣，频频询问、细心触摸或仔细查看产品的顾客，很可能就是我们的目标客户。他通常会与销售员进行深入的交流，展现出对产品或服务的浓厚兴趣。

二、顾客的互动方式和决策权是我们判断的重要依据

那个在交流中占据主导地位，主动为同伴提供建议的顾客，往往就是拥有决策权的关键人物。他们的意见和态度，能够左右整个购买决策。

三、言行举止也是识别顾客需求的重要线索

那些表现出积极、主动态度的顾客，他们可能会主动提出问题，分享自己的需求和期望，或者对产品流露出浓厚的兴趣和热情。这些行为都在无声告诉我们：他们就是我们要找的目标客户。

四、需要考虑顾客的个人特征与需求的匹配度

通过观察他们的年龄、性别、职业等特征，以及这些特征与我们销售的产品或服务的契合度，我们可以进一步锁定目标客户。例如，某些特定年龄段或性别的顾客可能对某些产品有更高的购买意愿和需求。

⊗ 普通销售：

销售人员小张看到一群顾客走进卖场，立刻热情地迎了上去，开始滔滔不绝地介绍最新上架的电子产品。他详细地讲解了产品的功能和优势，然而顾客们似乎并不太感兴趣。小张并没有注意到这些细节，继续他的产品讲解。最终，这群顾客在小张的介绍结束后，礼貌地笑了笑，然后离开了卖场。

⊘ 销冠：

销冠小李同样看到一群顾客走进卖场。他并没有立刻上前推销，而是先观察这群顾客的互动和言行。他注意到其中一位中年男士一直在仔细查看某款新型智能手机，而其他人则更多的是在闲聊。小李判断这位中年男士可能是真正有购买需求的人。

于是，小李走上前去，针对这款智能手机的功能和优势进行了精准介绍，同时询问了男士对手机的具体需求。男士对小李的介绍非常感兴趣，两人进行了深入交流。最终，这位男士决定购买这款手机，并对小李的专业服务表示赞赏。

从上面的例子中可以看出，需求观察法是一种基于非言语沟通的销售策略，它能够帮助销售员精准识别出真正有需求的顾客，并实现销售目标。我们可以简单地用 **VBE** 观察法来表示。

同时，综合运用注意力集中程度、互动方式与决策权、言行举止，以及个人特征与需求匹配度等观察点，可以帮助销售员在纷繁复杂的销售场景中迅速找到突破口，从而赢得顾客的信任和满意度。

第五章

推荐商品

身为销售人员，为客户推荐商品是一项至关重要的技能，我们为此付出了大量的努力，试图学习并掌握那些经典的推荐话术。然而，在实际应用中，我们常常发现效果并不尽如人意。其实，我们应当深刻认识到，真正的学习与成长并非一帆风顺的直线前行，而是需要不断跨越层层台阶，逐步领悟其中的核心要领。那么，让我们不妨跟随销冠的脚步，一同探索他们是如何精准推荐商品的，并从中学习一些实用且立竿见影的话术，以便我们在销售中能够更好地运用，并取得更优异的成果。

客户问"还有没有再好一点的产品",如何回应？

通常情况下，客户让你给他推荐一款质量好的产品时，你是不是会马上选一款你认为质量特别好的产品呢？但是很可惜，最后客户并没有选择你推荐的商品，这是什么原因呢？因为即使你给客户推荐的是你认为质量最好的，客户也不一定会相信你，甚至他可能会怀疑你推荐的这款是不是店里利润最高的产品。这时候，一个有效的策略就是你要先向客户普及鉴别产品质量好坏的方法。

> 客户："请帮我选一款品质上乘的木门。"
>
> ⊗ **普通话术：**
> 销售员："当然可以，您看这款就很不错，您一定会满意的！"
>
> ✓ **销冠话术：**
> 销冠："好的先生。要想判断一扇门的质量，我们可以从四个维度来考量：一是观察，看看油漆是否光滑亮丽；二是触感，摸摸门面是否平整，高品质的门通常触感细腻；三是味道，嗅一下木门是否有刺鼻气味，优质木门油漆味淡，甲醛含量低；四是声音，轻轻敲击门板，听其声响，如果声音均匀，那通常意味着门的内部没有空洞。您看，这几款门（展示木门）在这些方面都相当好。"

之所以要在为客户推荐产品之前，告诉客户如何去鉴别产品，是因为这些产品，客户的购买频率不高，对如何鉴别产品质量知之甚少。在这种情况下，当你大赞产品优点时，客户可能难以真切感受。这时候，如果销售员因为自身了解鉴别产品质量的方法，而错误地假设客户也同样知晓，从而忽略了必要的介绍，这就陷入了**知识诅咒效应**的误区。

知识诅咒效应，这个有趣的名字来自科林·卡麦勒等人发表在《政治经济学杂志》上的一篇论文，它描述了一个奇妙的现象：一旦我们掌握了某项知识或经验，就很难再想象自己在不了解这项知识或经验之前的思考和理解方式。事实上，知识诅咒效应的根源在于人与人之间的信息量差距。想象一下，你向朋友解释一个复杂的概念，他却一头雾水，这时你可能就会感到困惑：这么简单的东西，他怎么就不懂呢？这就是你们之间的信息量差距导致的。

所以，当客户让你介绍质量好的产品时，你要跳出知识诅咒效应，告诉客户如何鉴别产品质量的好坏。这样，客户就会感受到你的诚实，从而对你产生信赖。即便你说的方法客户可能已经知道，他也不会产生厌烦情绪，因为你的出发点是为了客户的利益。

因此，在给客户推荐产品之前，先向客户普及鉴别产品质量好坏的方法，我们称之为**"认知教育法"**。虽然你知道如何鉴别产品的好坏，但客户未必知道，向客户普及如何鉴别产品的方法，才能有利于之后给客户展示你的产品的与众不同之处。我们可以记住这样一个结构：**判断 A 这个问题，你要从 B 方面来看。**

当然，不同的产品可能需要不同的鉴别方法和展示角度，但无论如何，都要确保你的推荐是基于客户的实际需求和利益，而不仅仅是为了推销产品。只有这样，你才能够赢得客户的信任，从而建立长期稳定的客户关系。

客户问 "XX 款商品还有吗"，如何回答？

在销售过程中，我们经常会遇到客户的询问，比如：

"那款风靡一时的樱花手表还有吗？"
"我想预订下周的海滨度假别墅，还有吗？"
"你本月 20 号能空出时间帮我做个咨询吗？"
"××艺术节上，你们画廊展出的限量版画作还有吗？"

面对这样的询问，许多销售员会难掩兴奋，急切地回答："有，多的是！"然而，往往这样的热情回应之后，客户却渐行渐远，再无联系。其实，当客户对某一商品或服务表现出兴趣时，直接回答"有"并不明智，更好的策略是营造出一种珍稀感，因为人们总是对稀有之物抱有更强烈的渴望。这也就是我们常说的"物以稀为贵"，在心理学中被称为**稀缺效应**。

稀缺效应揭示了消费心理学中的一个核心观念：当物品因其稀缺而显得尤为珍贵时，人们的占有欲也会随之高涨。无论是实体的商品，还是无形的专业服务，若想让客户感受到其真正的价值，就不能给他们留下一种随处可见、俯拾皆是的印象。

所以，当客户询问你产品是否还在售卖时，应如何营造珍稀感呢？你可以采用**信息对比法**，即在回答客户的问题时，不仅告知客户所询问的具体信息，还要巧妙地提及相关信息，以显示其稀缺性。

客户："请问这款复古风格的手提包还有吗？"
⊗ **普通话术：**
销售员："有，货很足。"

销冠："请允许我查询一下库存。目前我们这款手提包的存货确实不多了，尤其是这款复古风格的，非常受欢迎。其他几种颜色的已经售罄，现在仅剩的几件也在热销中。很幸运，您询问的这款目前还有货，但如果您犹豫的话，可能就错过了。"

有些人可能会疑惑，客户只询问了特定款式的手提包，为何销售员还要提及其他款式的情况呢？这岂不是画蛇添足？其实不然。通过提及其他款式的情况，销售员实际上是在为客户构建一个更为完整的购买情境。客户不仅能了解到自己所关心的款式的情况，还能从销售员的话语中感受到整个市场的购买趋势和产品的受欢迎程度。这种情境的构建，有助于增强客户的购买决策信心，促使他们更快地做出购买决定。

因此，当面对客户的询问时，不妨试试这种信息对比法，那么，我们把信息对比法的结构拆解为：前对比 + 实际信息 + 后对比。中间部分是传达给客户的"有"，但需要有"前 + 后"的对比，巧妙地营造出一种"珍稀感"。

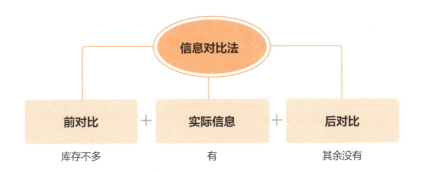

前对比（Before Contrast）：创造一个疑问或误解，为客户后续接收的信息做铺垫。

实际信息（Actual Information）：这是销售员真正想要传达给客户的信息，可以为客户构建一个更为完整的购买情境。

后对比（After Contrast）: 与前对比相呼应，提供一个不同的视角或结论。与前对比中的疑惑形成鲜明的反差，从而巧妙地营造出产品的"珍稀感"和购买的紧迫性。

总之，在销售过程中，巧妙地运用信息对比法可以营造出珍稀感，增强客户的购买决策信心，促使他们更快地做出购买决定。

客户问"这款产品好在哪儿呢"，如何回应？

在销售过程中，经常会遇到客户询问："这款手表这么贵，它到底有何特别之处呢？"许多销售员可能会回答"工艺精湛""材质上乘""是品牌""售后服务一流"等。然而，这样的回答往往显得很空洞，难以触动客户的心弦。有些销售员甚至会说出一些客户难以理解的技术名词，比如，这款手表采用了 ×× 精密机械技术，结果却让客户感到困惑，觉得你在故弄玄虚，在忽悠他。那么，如何才能给客户讲明白"这款产品好在哪儿呢？"

我们需要利用一个极为实用的法则——**FAB 法则**，它能帮助我们更精准地展示产品的亮点。

F(Feature)：特征——独特之处

特征，简言之，就是产品与众不同的地方。这些特征可能是产品的材质、设计、颜色、大小，或者某种独特的功能。例如，当我们提到一款沙发，可能会强调它是"真皮沙发"或者"实木沙发"；提到一扇门，可能会说它是"静音木门"。这些都是产品本身的特征，也是它们与竞品之间的区别。

A(Advantage)：作用——产品优势

了解了产品的特征之后，下一步就是揭示这些特征背后的优势，即这些优势是如何帮助产品在实际使用中表现得更加出色，或是满足消费者的某种需求。以真皮沙发为例，其优势可能包括"耐用""耐脏"和"高档"。这些优势使真皮沙发在日常使用中更加方便，也更能满足消费者对品质生活的追求。

B(Benefit)：益处——对消费者的好处

最后，也是最重要的一点，就是要说明这些特征和优势如何转化为对消费者的实际益处。这些益处可能解决了消费者的某个痛点，或满足了他们的某种需求。比如，真皮沙发的"耐用"和"耐脏"特性，意味着消费者可以减少频繁更换沙发和清洗沙发的烦恼；而"高档"则能同时兼顾舒适性和美观性，为消费者提供全方位的优质体验。

以一个文具盒为例，我们可以运用 **FAB 法则**进行介绍："这个文具盒是由不锈钢材料制成的（F），这种材料具有出色的耐用性和抗摔性（A），因此在使用时不必担心它会轻易被摔坏（B）。"

客户："这款榨汁机怎么那么贵，它好在哪里？"

⊗ **普通话术：**

销售员："它采用了低速榨汁技术。"

⊘ **销冠话术：**

销冠："因为这款榨汁机采用了低速冷榨技术（F），所以它能在不破坏果蔬营养成分的情况下提取新鲜果汁，保留了果蔬的原始风味和营养价值（A）。对您而言，每天都能享受到新鲜、健康且营养丰富的果汁，有助于提高您的生活品质（B）。"

通过这样的介绍，我们不仅突出了产品的特征，还展示了其优势和对消费者的益处，使产品更加吸引人。

如何让客户听明白
专业难懂的产品概念?

原型理论

随着科技的飞速发展，许多前沿技术逐渐融入我们的日常生活和产品中。作为销售员，我们时常面临如何向顾客阐释复杂技术的挑战。在向顾客解释这些复杂概念时，运用浅显易懂的语言是至关重要的。

举例来说，顾客询问："什么是 5G 网络？"销售员可能会回答："5G 网络就像一条信息高速公路，让您的手机上网速度更快，下载一部高清电影只需要几秒钟。"这样的回答立刻就能让人理解。

那么，什么是浅显易懂的表达方式呢？它指的是基于顾客的理解能力，用他们容易接受的语言进行解释。我们借助客户已经知晓和熟悉的事物，来解释他们不熟悉的新事物。这种能够在短时间内帮助人们理解新事物、新产品、新概念或新功能的方法，在传播学中被称为**原型理论**。

认知心理学家认为，人的记忆中储存着大量以原型形式存在的知识。人们更容易记忆那些对他们有意义或已经熟悉的信息，而且人们往往更愿意看到自己想看到的，越是贴近自己经验的事物，人们越会感到安心，也越容易接受。

原型理论告诉我们，要介绍一个新概念，我们需要将新信息与顾客记忆中已有的信息相联系，这种方法被称为**连接法**。它包括两方面的内容：**形象的比喻和实际的演示**。

客户："什么是智能家居系统？"

⊗ **普通话术：**

销售员："智能家居系统是一种通过互联网技术连接和控制家居设备的系统。"

⊘ **销冠话术：**

销冠："智能家居系统就像您家里的一个智能管家，能够帮您远程开关灯、调节温度，甚至还能在您不在家时帮您关上窗户，确保安全。"

通过这种"智能管家"的比喻，销冠成功地用客户容易理解的方式解释了智能家居系统的概念。客户可以立刻联想到一个管家如何在家中为他们服务，从而理解智能家居系统能够为他们带来的便利和舒适。

使用**连接法时话术的结构为：结构名词 + 比喻**，我们可以简化为**"N+M"**。

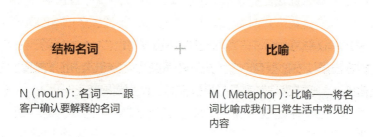

N（noun）：名词——跟客户确认要解释的名词

M（Metaphor）：比喻——将名词比喻成我们日常生活中常见的内容

如同上面的案例，将智能家居系统拟人化成智能管家，使客户脑海中有一个形象的理解。运用连接法来介绍产品概念，销售员不仅能够帮助客户更好地理解产品的特征和优势，还能突出产品对客户的实际益处，从而提高销售效果和客户满意度。

客户说"两款都挺好，不知该选哪个"，如何应对？

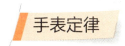手表定律

当客户步入家具展厅，你带着温暖的笑容迎了上去，引领着客户穿梭在各式家具之中，从现代简约风格的沙发介绍到复古风格的实木餐桌……客户眼中闪烁着感兴趣的光芒，说道："我觉得那款简约沙发和另一款复古皮质沙发都很有特色，真不知道该如何选择。"听到这话，你心中暗自欣喜，感觉客户对家具的品位很高，这次交易有望成功。

然而，"选择困难症"提醒我们，人们面对多个吸引人的选项时，往往会感到难以抉择。就像站在十字路口，每个方向都看似充满可能，却也可能让人迷失方向。因此，在这个关键时刻，如何引导客户做出决定就尤为重要。

一些缺乏经验的销售员在面对客户的这种疑问时，可能会急于求成，直接给出自己的建议："我觉得那款简约沙发更适合您的品位。"然而，这样的回答往往会让客户心生疑虑，怀疑销售员的动机，甚至可能因此放弃购买。那么，如何回答既能保持客户的兴趣，又能引导他们自主做出选择呢？**关键是站在客户的立场上，帮助他们厘清思路，明确自己的需求**。这就需要我们认识一个心理学中的定律——**手表定律**。

手表定律指一个人有一只手表时，他可以清楚地知道现在是几点钟，而当他同时拥有两只时间不同的手表时却无法确定时间。两只手表并不能告诉一个人更准确的时间，反而会使看手表的人失去对准确时间的信心。

> 客户："那款简约沙发和另一款复古皮质沙发我都很喜欢，该选哪个呢？"
>
> ⊗ **普通话术：**
> 销售员："我觉得那款简约沙发更好，您可以选择那个。"
> ⊘ **销冠话术：**
> 销冠："请问您家的装修风格是怎样的？或者您更希望家里营造出

什么样的氛围？"

　　客户："我家是现代简约风格，但我也喜欢复古元素。"

　　销冠："这两款家具确实都很有特色。简约沙发更符合您的整体风格，而复古皮质沙发则能为您的家居环境增添一抹独特的韵味。选择哪一款，关键看您更希望突出哪种风格。您觉得呢？"

　　当客户在两款产品之间犹豫不决时，说明他们对这两款产品都产生了浓厚的兴趣。此时，销售员最应避免的就是为了促成交易而否定其中一款产品。这样的做法不仅会让客户感到不满，还可能会让客户放弃购买。

　　面对客户的选择困境，可以使用**"I—A—I 法"，按照 "询问（Inquiry）—分析（Analyse）—询问（Inquiry）"** 三个步骤来帮助他们厘清思路。首先，询问客户的使用场景和需求；其次，分析产品的特点和优势；最后，再次询问客户的意见和决策。这样既尊重了客户的自主选择权，又能确保他们选购到满意的产品。

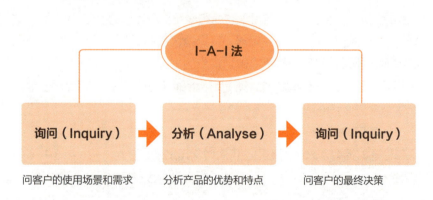

　　第一步，询问——问客户的使用场景和需求。"请问您家的装修风格是怎样的？或者您更希望家里营造出什么样的氛围？"

　　第二步，分析——分析产品的优势和特点。根据客户的回答，分析产品的优势和特点，匹配客户的需求。"这两款家具确实都很有特色。简约沙发更符合您的整体风格，而复古皮质沙发则能为您的家居环境增添一抹独特的韵味。"

　　第三步，询问——问客户的最终决策。询问客户更倾向于哪一款产品，切记不能为客户做决策，要让决策权永远在客户手中。"选择哪一款，关键看您更希望突出哪种风格。您觉得呢？"

客户说担心使用时会出什么问题，如何回答？

在销售过程中，我们常常会碰到这样一类客户：即便我们已经详细地介绍了产品的性能和特点，他们仍然会提出一连串的问题，比如，"使用后过敏该如何处理？""金融产品亏损了该如何应对？"等。若销售员对此类问题应对不当，很可能导致客户流失。为了更好地解答这些问题，我们首先需要了解一个心理学中的概念——**强迫性重复**。

强迫性重复指的是在经历了一件痛苦的事后，人们会在之后不自觉地制造类似的情境，以至于不断模拟体验同样的痛苦，最终导致无法正视自己的需求，也不敢选择自己想要做的选择。

若我们自己意识到客户可能正受到"强迫性重复"的影响，便能够更有针对性地构建我们的销售策略，以化妆品销售为例。

客户："我是过敏体质，怎么办？"

⊗ **普通话术：**

销售员："李女士，您看中的这款面霜是我们店的新品，它的成分非常温和，通常不会引起过敏反应。您完全可以放心购买，肯定没问题的。"

⊘ **销冠话术：**

销冠："李女士，我特别懂您对化妆品过敏的担忧。咱们店铺为了让您买得放心，特地提供了免费试用服务。您不如先试试这款面霜，就在手臂内侧涂一点看看。如果试用的时候觉得不舒服，马上停掉并告诉我们。放心，这款面霜的成分是纯天然的，一定会让您满意的！"

客户还是担忧地说道："那我试试吧，我怕万一回去用的时候再过敏怎么办？"

销冠："那这样，我再额外给您两瓶试用小样，您回去先用，如果过敏的话，就把正装拿回来，我给您退款，我对我们的产品是非常有信心的。"

客户："那我先买一瓶试试吧。"

通过上述案例，我们不难发现，普通销售员在处理客户疑虑时，往往过于依赖对产品的简单保证，而忽视了客户深层次的情感需求。而销冠则能够通过识别和理解客户的"强迫性重复"心理，提供更加贴心和专业的服务，从而与客户建立牢固的信任关系。

基于上述分析，我们总结出一套有效的销售策略——**"IST 法"**：

I (Identification)：**准确识别**。深入了解客户的真实需求和潜在顾虑，这是建立有效沟通的基础。

S (Service)：**专业服务**。根据客户的具体需求和情况，提供量身定制的解决方案和服务。这不仅能够满足客户的实际需求，还能展现出销售员的专业素养和真诚态度。

T (Trust)：**建立信任**。通过持续优质的服务和客户体验，逐渐打消客户的顾虑，建立长期的信赖关系。这是销售过程中最为关键的一环，也是实现客户忠诚度和传播口碑的重要途径。

通过运用**"IST 法"**，我们不仅能够更好地解决客户的疑虑和问题，还能在激烈的市场竞争中脱颖而出，赢得客户的青睐和信任。

如何利用客户的好奇心推荐商品?

有时候，利用客户的好奇心是做好商品推荐和销售的关键。在这个信息爆炸的时代，想要抓住客户的注意力，就必须出奇制胜，利用他们的好奇心来推荐商品并引导购买。

想象一下，当你在街头看到一群人围观时，会不会也好奇地凑上去看看发生了什么？这就是好奇心的力量。我们也称这种力量为**好奇心效应**。在销售领域，好奇心效应被广泛应用于吸引顾客、提高产品或服务的吸引力，以及增强消费者的购买意愿。

在销售过程中，我们可以利用好奇心效应来吸引客户。比如，我们可以通过一些新奇的宣传方式来引起客户的注意，就像西铁城手表用飞机撒手表的震撼方式来吸引人们的关注，不仅让人们记住了这个品牌，还让人们对其产品的耐用性留下了深刻的印象。

再比如，销售一款新型智能家居设备，为了吸引客户的注意力，销售员并没有直接介绍产品的功能和优点，而是设置了一个悬念。在展示区摆放了一个神秘的箱子，上面写着"打开它，你会发现未来的家居生活"。这个神秘的箱子引起了很多客户的好奇心，他们纷纷围过来想要一探究竟。

客户打开箱子后发现里面正是智能家居设备。销售员趁机向客户介绍这款设备的独特功能和便捷性，以及如何提升他们的家居生活质量。由于客户已经对这款产品产生了浓厚的兴趣，所以销售起来就变得轻而易举了。

当然，利用**好奇心效应**销售，并不是简单地设置一个悬念那么简单，要遵循下面的原则：**创造＋利用＋避免**。我们简称为**"CUA 法则"**。

在销售过程中，不直接展示产品，而是通过描述一个引人入胜的场景或功能来为客户创造一个悬念，激发他们的好奇心，让他们想要了解更多。同时，通过新奇的展示方式或道具来吸引客户的注意力，使产品的特点和优势得到直观展现，从而增强客户对产品的兴趣和购买欲望。

切记，在设置新奇点时，要确保它们与产品有紧密的联系，避免引入与产品无关的内容，否则会让客户感到困惑或失望。

如果我们能够合理地运用这种策略，并确保产品与客户的期望相匹配，那么就能够轻松地吸引客户的注意力并促成销售。

如何推荐商品，
由卖单品到卖套装？

聪明的销售员总是擅长运用各种策略，使客户从原本只想购买单一商品，转而选择购买更为划算的套装。其中，常常运用的就是一个心理学中的概念——沉没成本效应。那么，这个效应是如何在销售中发挥作用的呢？

沉没成本效应简单来说，就是人们在做出决策时，往往会受到过去已经投入的成本的影响，这些成本可能包括时间、金钱、精力等。这些已经投入的成本，就像沉没在水下的冰山，虽然看不见，但却在无形中影响着我们的决策。

在销售过程中，销售员可以利用这个效应，巧妙地提醒顾客，如果他们选择单独购买单品，可能会错过套装的优惠和完整体验，让顾客意识到，如果不选择套装，之前为单品所付出的金钱和时间就可能成为"沉没成本"——那些已经无法挽回的投入。这种心理暗示会使顾客在权衡利弊时，更倾向于选择套装，以避免那些已经投入的成本成为真正的"沉没成本"。

举个例子，当一位顾客花费很长时间精心挑选了一款心仪的化妆品粉底液，但因为价格纠结时，销售员说："您看您选这款产品也花了不少时间，肯定特别喜欢，要是单买的话，价值很高，您要是选择我们这款套装的话，不但能享受买一送二的福利，还能得到一款专为这款粉底液设计的化妆刷。"这样一来，顾客在考虑到已经为粉底液付出的时间成本和价值成本时，可能会更倾向于选择套装，以避免这些成本成为"沉没成本"。

那么如何使用这一策略呢，我们来看这个结构：认可＋转向＋阐明＋引导，我们可以简化为"ABCD 结构"。

A（Acknowledge previous investment）：认可先前的投入。

B（Bridge to bundle offer）：转向套餐优惠。

C（Clarify sunk cost implication）：阐明沉没成本的影响。

D（Direct towards decision）：引导做出决策。

认可
先前的投入 → 转向套餐优惠 → 阐明沉没
成本的影响 → 引导做出决策

❌ **普通话术：**

销售员："其实，除了单品之外，我们还有套装可以选择。套装更划算，您可以考虑一下。"

✅ **销冠话术：**

销冠："姐，其实您选中的这款面霜，是我们套装中的一部分，这个套装里还包含眼霜和颈霜，选择套装的话，这个面霜相当于白送您，而且还可以参与我们的会员抽奖，您看看要不要选择套装，更划算。"

销冠通过详细介绍套装的优点和附加价值，成功吸引了顾客的注意，激发了其购买欲望。同时，通过提供额外的优惠和服务，进一步强化了套装的吸引力，从而促成交易。

客户拿着样品来询问商品，如何回应？

在销售过程中，我们经常会遇到有客户带着他之前选购的商品来寻问，"有没有一样的？"这时候销售员的回答至关重要，是马上告诉客户"没有"，还是直接推荐自己店里的商品呢？我们来看看普通销售员和销冠分别是如何说的。

⊗ 普通话术：

销售员："您好，您拿的这款样品看起来挺不错的。我们店里也有一些与之相似的产品，我可以带您去看看。"

客户在销售人员的带领下来到商品陈列区，销售人员指着几款产品说："这些都是和您样品类似的产品，您可以慢慢挑选。"

然而，这种简单直接的方式往往难以突出产品的独特性和优势，客户可能会觉得这些产品虽然相似，但并无特别之处，从而难以做出购买决策。

那么，我们再来看看销冠是如何运用对比效应，成功引导客户选择店内商品的。

⊘ 销冠话术：

销冠："您好，您手上的这款样品确实很有品位，是上一季的热销款吧。我们店里也有几款与之相似但各具特色的产品，我为您详细介绍一下。"

销冠首先带领客户来到一款与样品相似的产品前，开始进行深入的比较：

"您看，这款产品和您的样品在外观设计上有异曲同工之妙。不过，我们的这款产品采用了更先进的材质，不仅更加耐用，而且手感更加舒适。同时，您注意到这个独特的细节设计了吗？它不仅增强了产品的实用性，还提升了美观性。"

接着，销冠又引导客户来到另一款与样品相似的产品前，继续进行比较：

"而这款产品在性能方面有着显著的优势。它采用了最新的技术，不仅运行速度更快，性能更稳定，而且能够满足您更高效、更稳定的使用需求。对于追求高品质生活的您来说，这款产品无疑是一个更佳的选择。"

销冠通过这样一系列的对比分析，不仅让客户清晰地看到了店里的产品与样品的差异，还成功地突显了店里产品的独特优势。此时，销冠再适时地提出：

"选择产品不仅要看外在的匹配度，也要注重内在的品质和性能。我们店里的这些产品整体上与您的样品相似，但在细节处理、材质选择，以及技术性能方面却有显著提升。您可以根据自己的实际需求和喜好，选择最适合您的那一款。"

这样精心设计的话术往往能够打动客户的心弦，使他们更容易做出购买决策。这就是利用了心理学上的对比效应。

销售中的对比效应是指，在销售过程中，当某一商品或服务旁边出现另一商品或服务时，客户会将两者进行比较，从而对其产生不同的感觉和认知。我们可以用"认同 + 对比"这个结构来表示，简化为"I+C"。

I（Identification）：认同。指的是对客户的观点、选择或品位进行肯定与赞同，以建立共鸣和信任。

C（Contrast）：对比。指的是通过比较不同产品或服务的特点来突显某一方的优势，从而影响客户的购买决策。

对比效应

认同
（Identification）

指的是对客户的观点、选
择或品位进行肯定与赞
同，以建立共鸣和信任

对比
（Contrast）

指的是通过比较不同产品
或服务的特点来突显某一
方的优势，从而影响客户
的购买决策

当客户拿着样品来询问时，运用对比效应的关键是首先认同客户的品位和选择，然后巧妙地通过对比来突显店内商品的独特优势。

第一步，认同："您真的很有眼光，这款样品确实是市场上非常受欢迎的一款。它的设计和品质都备受好评。"

第二步，对比："不过，在我们店里，有一款与这款样品相似但更具性价比的产品。它不仅在外观设计上同样出色，还采用了更先进的技术和材料，使得产品的性能和耐用性都得到了提升。而且我们现在还有限时优惠活动，购买这款产品的话，您可以享受到非常优惠的价格。"

通过这样的话术，不仅认同了客户的品位，还巧妙地运用了对比效应来突显店内商品的独特优势。这样的话术往往更能够打动客户的心弦，引导他们做出购买决策。同时，也建立了与客户之间的信任和共鸣，为未来的销售打下了良好的基础。

第六章

异议处理

在销售过程中，遇到客户的各种异议是不可避免的。这些异议可能关于产品优势、款式数量、第三方评价、效果保证、赠品折现、退货政策、交货时间、经验质疑，甚至是产品有效期等各种问题。如何妥善回应这些异议，往往决定了销售的成败。

接下来，我们将一一探讨这些常见异议的应对策略和相对应的话术，让我们在销售中面对这些问题时，能够更加游刃有余地应对。

你的产品比别人的好在哪里呢，如何回应？

当客户购买商品时，往往会将同类产品进行一番比较。所以，当你介绍完产品后，客户经常会抛出一个关键问题："你的产品比别人的好在哪里呢？"面对这样的询问，我们该如何巧妙回答，赢得客户的青睐呢？

一、切记不要妄自尊大，贬低竞争对手

这样的做法只会让客户质疑你的人品与诚信，适得其反。

二、也不要一股脑儿地抛出所有产品优势

滔滔不绝的解释只会让客户感到厌烦，拖延成交的时机。

三、我们需要从客户的言辞中探寻深意

他们为何会提出这样的问题？必定是已经对同类产品有所了解。那么，他们了解到了何种程度？是否已经有了心仪之选？对于你所介绍的产品，他们持何种态度？对于之前的产品，他们又因何而未能下定决心购买？

其实，当客户询问"你的产品比别人的好在哪里"时，他们的心中往往已经有一个沉锚效应了。沉锚效应，作为一种心理学中的概念，指的是人们在对一些事情做出判断时，往往会被首次接触的印象或信息所深刻影响，从而像锚沉在海底般，将思维牢牢锁定在某一特定点。这种现象在决策过程中尤为明显，因为思维常常受到初次接收信息的引导和左右。

当两种同类产品出现时，人们会格外倾向于对第一种产品的固定认知，如果你不能够改变客户的第一认知，也就是"换锚"，那么，后续你说得再多，也无法打动客户的心。

因此，当客户问"你的产品比别人的好在哪里"时，一定不要急着否定竞品，也不要急着回答，而是要先找出客户内心的"锚点"。

客户："你们的冰箱比别人家的好在哪里呢？"

⊗ **普通话术：**

销售员："我们的冰箱有超大的储存空间、节能省电、静音设计这些特点。"

客户："你提到的这些特点，其他品牌的冰箱也都有啊，感觉没什么特别的。"

✓ **销冠话术：**

销冠："看来您对其他品牌的冰箱有一定了解。您对其他品牌冰箱的哪些地方特别满意呢？"

客户："我觉得××品牌的冰箱在储存空间和节能方面做得还不错。"

销冠："您提到的这些特点，我们的冰箱也完全具备。我们的冰箱不仅有宽敞的存储空间，更融合了一项高端节能技术，可以减少能耗，帮您轻松节省电费。另外，我们的冰箱还采用了智能温控系统，可以根据您的使用习惯自动调节温度，以确保食物的新鲜度。对了，我们的售后服务也是业内首屈一指的，让您完全没有后顾之忧。"

切记，找出客户内心的 **"锚点"**，记住下面这个句式 **"I+C"**。

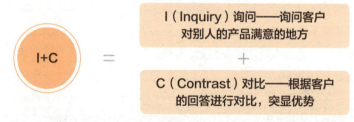

询问客户对别人产品满意的地方，"看来您对其他品牌的冰箱有一定了解。您对其他品牌冰箱的哪些地方特别满意呢？"客户回答后，紧接着进行对比，如果我们的产品具备这些功能，就使用"不仅""还"这样的句式，如果我们的产品不具备这个功能，就用"虽然""但是"，来进一步突显产品的优势，完全从客户的角度出发，最终促成交易。

客户说"你们家款式太少了"，
如何应对？

顾客走进服装店，随意地看了看挂架上的衣物，然后对你说："你们这里的衣服款式好少啊！"你急忙回应："我们这里的衣服款式很多的，您再看看其他区域，或者我给您推荐几款新品如何？"顾客环顾四周，叹了口气："算了，没看到我喜欢的。"然后离开了！

这是服装店销售员经常会遇到的场景。顾客在短暂浏览店里的衣物后，其实已经根据第一眼印象做出了判断，这就是所谓的**七秒钟定律**。

七秒钟定律是心理学中的一个概念，指的是人与人在初次见面时，对彼此的印象和喜好判断往往在短短的七秒钟内就已经形成，这个定律强调了第一印象的重要性，因此，在这个关键时刻，无论销售员如何解释，往往都难以改变顾客的初步印象。这时，销售员更应该关注的是顾客评价背后所隐藏的真实需求，也就是顾客在寻找什么样的服装款式，并且没有得到满足。

当顾客抱怨服装店衣服款式少时，他们实际上是在说"我没有找到我喜欢的衣服款式"。在这种情况下，销售员需要做的不是去解释款式其实不少，而是要深入了解顾客的具体需求。只有明确了顾客想要什么样的衣服，销售员的推荐才能更加精准有效。

客户："你们家款式太少了。"

✖ **普通话术：**
销售员："我们家款式挺多的呀，您再看看这边。"

✓ **销冠话术：**
销冠："虽然我们的款式数量不是最多的，但我们注重的是衣服的品质和设计感。我们精选了每一款衣服，确保它们都是时尚且耐穿的。那么，您是想找什么样的衣服呢？是休闲装还是正装？"

客户："我想选一套去跑步的时候穿的。"

销冠运用了 **"A+E+I 法则沟通方式"**，我们来分析一下这段话术的结构。

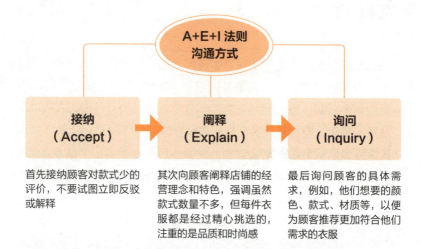

通过这种沟通方式，销售员不仅可以化解客户的抱怨，还能更好地了解客户的需求，从而提供更加贴心的服务。同时，销售员还应该关注客户的反馈，根据客户的需求进行精准推荐，增加客户对店铺的信任和满意度。

客户的朋友说你的产品一般，如何回答？

很多顾客在选购商品时都会带上家人或者好友一同前往。比如，家具销售员时常会遇到这样的场景：顾客对某款家具表现出浓厚兴趣，但其随行的亲友却对此持保留意见。或许他会直接说："这款沙发的颜色和设计，我感觉有点普通，要不我们再看看其他的吧。"面对这样的质疑，缺乏经验的销售员可能会急切地反驳：

"哪里普通了，这款沙发采用的是最新设计理念，非常时尚舒适啊！"

"您没看出来吗？这款沙发的线条和配色都是今年最流行的。"

"别光听别人说，重要的是您自己喜欢。"

然而，当销售员以对立的态度去反驳顾客的亲友时，往往会让他们感到不悦，甚至产生敌对情绪。这样的氛围对销售员来说是极为不利的，原本有望成交的生意很可能因此失败。切记，无论何时，直接反驳顾客的亲友都是不明智的，因为这样做会让他们感到尴尬和冒犯，为了维护自己的面子和观点，他们可能会更加坚持自己的看法，甚至与销售员产生冲突，从而影响顾客的购买决策。

这就涉及一个心理学原理——自己人效应。它指的是人们更倾向于信任和接受自己认为是"自己人"的观点。如果在销售过程中，销售员能够把顾客的亲友视为"自己人"，那么销售的成功率将会大大提高。

那么，销售员如何与顾客的亲友建立"自己人"关系呢？可以采用"赞美＋询问＋行动"的策略，我们简化为"P+I+A 法则"。

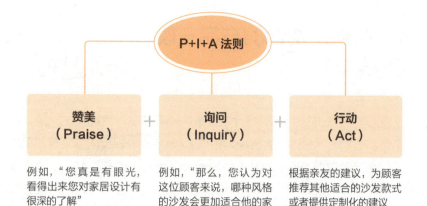

P+I+A 法则

赞美 （Praise）	+	询问 （Inquiry）	+	行动 （Act）
例如，"您真是有眼光，看得出来您对家居设计有很深的了解"		例如，"那么，您认为对这位顾客来说，哪种风格的沙发会更加适合他的家居环境呢"		根据亲友的建议，为顾客推荐其他适合的沙发款式或者提供定制化的建议

通过这样的方式，销售员不仅能够化解尴尬的气氛，还能够将顾客的亲友转化为自己的助力，推动销售的成功。

○ 销冠话术：

顾客亲友："我觉得这款沙发的颜色和设计有点普通。"

销冠："您真是细心且有品位。确实，选择家具需要考虑很多因素。那么，您认为对于我们的顾客来说，哪种风格的沙发会更加符合他的需求呢？您的建议对我们来说非常宝贵。"

顾客亲友："我觉得颜色可以更深一些，这样更有质感。"

销冠："您的建议非常棒！深色确实能增加家具的质感和档次。我们店里还有几款深色调的沙发，我马上领你们过去看看。"

顾客："哇，这款深蓝色的沙发真的很有质感，而且和我的客厅装修非常搭。"

在这个案例中，销冠成功地运用了"P+I+A 法则"，将顾客的亲友转化成自己的助力，不仅化解了尴尬的气氛，还成功地推动了销售。同时，销售员还注重了与顾客的互动和沟通，根据顾客的需求和喜好进行了精准推荐，增加了顾客的满意度和信任度。这样的销售方式不仅有助于提高销售业绩，还能够赢得顾客的口碑。

客户问"你能保证效果吗"，
如何正确回答？

在销售推广产品的过程中，我们常常会遇到客户问的一些棘手问题，以推广智能家居为例：

"买了你们家的智能门锁，能保证门锁密码永远不会被破解吗？"

"安装了你们家的智能温控系统，能保证我家电费会降低吗？"

"使用你们家的智能安防系统，能保证我家永远不会被盗吗？"

面对这样的问题，如果销售员回答"不能保证"，客户可能会心生疑虑：产品的安全性是否可靠？是否真的值得购买？而如果轻易地给出"能保证"的答复，一旦发生任何问题，就可能导致客户的不满和投诉。

这其实是一种微妙的心理博弈，客户在询问保证时，往往并非真的需要一个法律意义上的承诺，他们更多的是在寻求一种心理安慰，以确保自己的选择是正确的，这在心理学中被称作**安慰剂效应**。

安慰剂效应，又称为伪药效应、假药效应或代设剂效应，是一种心理现象，指的是病人虽然获得无效的治疗，但却因"预料"或"相信"治疗有效，而使病人症状得到舒缓的现象。这个概念最早在 1955 年由毕阙博士提出，也可以理解为"非特定效应"或"受试期望效应"。

所以，当客户询问保证时，首先给出一个 **正面的承诺或预期（Promise）**，然后附加一个**条件（Condition）**，说明实现这一承诺所需要满足的条件或要求，我们简化为**"P+C"策略**。

P（Promise）承诺——给出
正面的承诺或预期

＋

C（Condition）条件——说明实现
承诺所需要满足的条件或要求

客户:"安装了你们家的智能温控系统,能保证我家电费会降低吗?"

❌ **普通话术:**

销售员:"这个我不能保证。"

✅ **销冠话术:**

销冠:"通常情况下,我们的智能温控系统确实能够帮助客户节省电费。但这也取决于您家中的具体使用情况和节能习惯。如果您能够合理使用系统,并根据建议调整温控设置,那么电费降低是完全可以的。"

第一,通过正面的承诺来增强客户的信心,给他们一个"安心丸",利用安慰剂效应来助力他们的购买决策。

第二,明确提出实现这一承诺所需要的条件或要求,这样既可以引导客户形成合理的使用习惯,也可以有效地规避潜在的风险。

客户问"不要赠品，能否折现呢"，如何回答？

破窗效应

为了提升销售额，一些店铺经常推出一系列店庆活动，例如，"买一赠一""尊享定制服务""消费满额即赠礼品"等。然而，有些顾客会试图将这些优惠直接转化为价格折扣，他们可能会说：

"这些赠品我不需要，能不能直接在价格上给我优惠点？"

"我不需要定制服务，你直接给我降价吧。"

"我已经有很多类似的配件了，你只需要给我数据线的价格优惠就行了。"

面对这样的要求，如果我们直接回绝，比如，"这是店铺的规定，我无权更改"。虽然这样的回答很诚实，但过于直接的话，可能会让客户感到尴尬，甚至可能导致交易失败。而如果我们轻易答应，客户可能又会开始怀疑："看来这些优惠本来就是价格的一部分，那他们是不是把价格定得太高了？我得再砍砍价！"这种情况，在心理学中称为破窗效应。

破窗效应严格来讲是一个犯罪学理论，最初由美国社会学家詹姆士·威尔逊和乔治·凯林在 1982 年的一篇题为《"破窗"——警察与邻里安全》的文章中提出的。这一理论主要说明了一个小的环境问题或社会乱象如果不及时得到纠正，就可能导致更大的混乱和犯罪行为。

这个理论的名字来自一个假设的场景：如果一栋建筑的一扇窗户被打破了，而又没有得到及时修复，那么这扇"破窗"就会传递出一个信号，即这个地区缺乏管理和维护。这种情况可能会吸引更多的破坏行为和犯罪行为，比如，涂鸦、乱扔垃圾，甚至更严重的违法活动。因此，一个小的破损窗户如果不加以修复，最终可能导致整个社区的衰败。

"破窗效应"揭示了一个现象，即一旦环境中的某种不良现象被允许

存在，它可能会引发更多的不良行为。就像一幢楼如果有一扇破窗未被及时修理，那么可能会引发更多的破坏行为。

在销售过程中，如果我们轻易地将赠品或服务转化为价格折扣，客户就可能会对我们的定价产生怀疑。因此，我们必须坚决避免这种"破窗"情况的出现。当然，我们也要考虑客户的感受。虽然搬出"店铺规定"可以作为理由，但这并不能让客户真正满意。

那么，面对客户的这类要求，我们应该如何应对呢？这里我们可以采用"R+V+S 法则"。

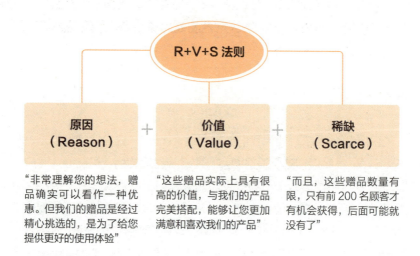

通过这样的回答，我们不仅解释了赠品存在的原因，还强调了赠品的价值，同时利用"稀缺"这一元素，增加赠品的吸引力。这样，客户才能感受到我们的诚意。

客户问"如果不满意，可以退货吗"，如何回应？

 戴高帽效应

在服务行业，面对客户关于退货的询问，回应的方式尤为关键。一位客户在咨询某项服务后，可能会带着些许疑虑问道："如果服务不满意，可以退货吗？"作为销售员，直接回答"可以"或"不可以"都显得过于生硬，而且服务业的特殊性也决定了退货并非简单的商品退回。

面对这样的情境，普通销售员可能会犹豫不决，回答得含糊其词，无法打消客户的疑虑。而销冠则会巧妙运用话术，给客户吃下一颗"定心丸"。

客户："如果服务不满意，可以退款吗？"

⊗ **普通话术：**
销售员："这个嘛，服务业比较特殊，退款可能不太现实。"

⊘ **销冠话术：**
销冠："当然可以，先生。我们一直致力于提供最优质的服务，如果您对我们的服务有任何不满意的地方，售后人员会提供免费咨询服务，全力帮您解决问题。当然，如果您还是觉得不满意，我们可以协商退款事宜。不过，我相信像您这样有品位、有判断力的客户，一定会给我们的服务一个公正的评价。我们非常期待能为您提供卓越的体验。"

这种回答方式首先给予了客户明确的承诺，表明了对服务质量的自信。同时，通过给客户戴上一顶"有品位、有判断力"的高帽，巧妙地激发了客户的优越感。客户在感受到尊重的同时，也会更加倾向于给予服务方一个公正的评价和机会，这便是利用了心理学中的戴高帽效应。

戴高帽效应的来源可以追溯到 15 世纪，由意大利政治家和历史学家马基雅维利（Machiavelli）在其经典著作《君主论》中提出。他探讨了

如何获取和保持权力的策略，其中就包括通过说好话、戴高帽来获取别人的好感，进而达到自己的目的。这一策略后来被人们称为"马基雅维利效应"，也称作戴高帽效应。马基雅维利观察到，人们普遍喜欢被赞美和恭维，这种心理可以被用来建立良好的人际关系，进而影响他人的行为。

销售员可能会给客户戴上一顶"高帽子"，即给予客户高度的赞扬或恭维，以触及他们的虚荣心和优越感。这样做可以增强客户对销售员的好感，提高销售成功的可能性。同时，为了维护自己的面子和形象，客户可能会更倾向于接受销售员的建议或产品。

因此，当客户询问："如果不满意，我可以退货吗？"作为销售员，你可以采用"确认 + 寄托希望"的策略来回应，也就是"A+A"。

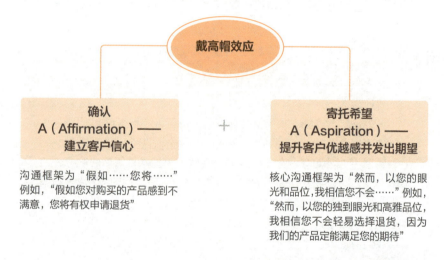

先是对客户的疑问给予明确的肯定答复，以增强客户的信任感；同时，巧妙地赞扬客户，提升其优越感，进而对其表达期望，这样不仅解决了客户的疑虑，还巧妙地提升了客户的身份感，进一步巩固了销售关系。

客户问最快多长时间能收到货，如何回答?

当客户询问最快多长时间能收到货时，他们通常希望得到一个确切且能满足他们期望的时间范围。但很多时候，我们的产品不可能在客户期待的时间内送达，如果我们信心满满地保证，一旦未能按时送达，客户会因此对销售员失去信任，以至于对产品也失去信任，这个时候，面对客户的提问，如何回答至关重要。

客户："我最快多长时间能收到货?"

⊗ **普通话术:**

销售员："3~5 天吧。"

✓ **销冠话术:**

销冠:"我非常理解您对收货时间的关心，我们希望您能尽快使用到心仪的产品。通常情况下，我们的产品会在 3~5 天送达，但具体的时间还会受到一些外部因素的影响，如天气、物流状况等。不过请您放心，与我们合作的是目前最快的物流公司，可以为顾客提供最优质的配送服务。我会为您持续跟进订单状态，确保产品能够尽快且安全地送到您手中。"

看得出来，销冠的回答不仅给出了一个大致的时间范围，还通过强调与优质物流公司的合作及个人的持续跟进，提升了客户的期待和信任感，这就是运用了心理学中的**期待效应**。

期待效应，也被称为皮格马利翁效应或罗森塔尔效应，它指的是人们基于对某种情境的知觉而形成的期望或预言，这种期望或预言会使该情境产生适应这一期望或预言的效应。简而言之，就是人们对某件事的期待会影响这件事的结果。

当客户一直追问最快多久能收到货时，这通常表明客户对时间非常敏感，可能是因为他们需要在特定时间内使用产品或有其他时间限制。在这种情况下，回应客户时需要尽量提供准确且可靠的信息，以减少客户的焦虑。

因此，销售员要给客户一个明确的期望，告知最迟的收货时间，并承诺会尽力确保在这个时间内送达，那么客户就可能因为这个期望而产生信任和购买意愿。同时，如果销售员能够超出这个期望（如提前送货），客户就会更满意。

下面我们再来看一下这个话术结构：**提供信息 + 合理解释 + 期待**，我们简称为 **"PFE 法"**。

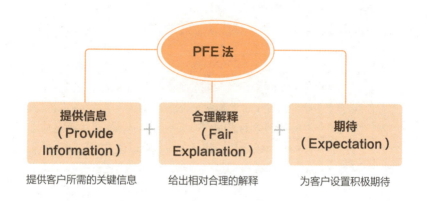

首先，提供客户所需的关键信息，即产品的通常送达时间为 3~5 天。这是直接回应客户的询问，满足了客户对收货时间的基本了解需求。

其次，销冠给出了合理的解释，说明具体的送达时间可能会受到外部因素，如天气和物流状况的影响。这种解释为客户提供了更全面的背景信息，有助于客户理解为什么实际送达时间可能会有所波动。销冠还进一步解释了与优质物流公司的合作，这暗示了配送服务的专业性和可靠性，为客户额外增强了信心。

最后，在提供了信息和进行了合理解释后，销冠通过承诺持续跟进订单状态并确保产品尽快安全送达，为客户设置了积极的期待。这种期待不仅基于之前提供的信息和解释，还通过销售员的个人承诺和服务跟进得到了增强，从而提高了客户的满意度。

客户说"你们太没经验了"，怎么回答？

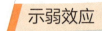

　　我们在与客户的合作过程中经常会遇到这样的问题：客户对请来的设计师说："这个位置的布局这样不行，你们没经验。"又或者是"你们不了解，不是这样的"，面对这样的客户，我们会比较郁闷，让销售或者合作很难进行下去。

　　这时候，我们就要使用心理学中的一个概念——**示弱效应**，也叫**"认怂效应"**，通过展示自己的脆弱或不足，以引起他人的同情、理解和支持，从而增进彼此之间的关系和互动。因为人的自我保护心态表明，虽然人人都欣赏优秀的人，但如果太过于完美，就会触动客户敏感的心理，使客户不愿意与你合作。

　　客户："你们太没经验了。"
　　⊗ **普通话术：**
　　销售员："我们做这行业已经十年了，有很多类似的经验呢。"
　　✓ **销冠话术：**
　　销冠："张总，您在行业内经验丰富、名声远扬。您一眼就看出来了，我们没有您经验丰富。但是我想，既然我们在做现在的工作，就希望能对您和您的团队有用。我们的弱点很明显，我们没有您和您的一线团队这样的市场经验，但是我们也有优势，就是可以和您一起推动一些平时不好推动的战略和业务层面的转变。您看，在我们的项目范围内，在哪些方面能切实帮到您呢？"

　　有时候，当我们说出认怂的话，承认自己没经验或者不行时，就好像用针在客户吹得鼓鼓的气球上扎了个小眼，气球里的空气很快就跑掉了。然后，我们再去强调我们的优势，就很容易让对方接受，这样的话术结构，我们总结为"展示弱点 + 承认优势"，简化为**"V+A 法则"**。

在与客户交流的过程中，运用"V+A 法则"可以有效地化解矛盾，加强合作。当客户提出疑问或批评时，先展示自己的脆弱或不足，承认自己在某些方面确实存在不足，这样可以让客户感受到你的真诚和谦逊，降低其防备心理。随后，再强调自己的优势，并与客户的战略需求进行对齐，展现你的价值所在，这样客户就会更容易接受你的观点，从而推动合作的顺利进行。

比如，当客户说"你们太没经验了"时，你可以这样回答："张总，您说得对，我们在这个领域的确还有很多需要学习和提高的地方。但请您相信，我们有着强大的学习能力和适应能力，可以迅速吸收新知识，不断提升自己。同时，我们也有着丰富的行业经验和专业知识，可以为您提供更优质的服务。我们会全力以赴，与您一起实现共同目标。"

这样的回答既展示了自己的不足，又强调了自己的优势和价值，同时还表达了对客户的尊重和信任，可以有效地化解矛盾，加强合作。

客户问关于有效期内用不完的问题，如何回答？

在销售过程中，面对客户提出的各种疑虑和问题，如何巧妙应对并转化为销售机会，是每一个销售员都需要掌握的技能。其中，关于产品有效期内用不完的问题尤为常见。客户对未知的恐惧，来自心理学中的**恐惧效应**，这种恐惧可能导致他们犹豫是否购买产品。然而，如果我们能够运用这个心理效应，通过巧妙的话术来应对，不仅能够增强客户的信任感，还能有效促进销售转化。

> 客户："如果在有效期内用不完怎么办？"
>
> ⊗ **普通话术：**
>
> 销售员："您放心，我们的产品有效期很长，您有足够的时间使用。"
>
> ⊘ **销冠话术：**
>
> 销冠："我理解您的担忧，确实，如果在有效期内用不完，会让人觉得有些浪费。但您想想，我们的产品之所以设置有效期，是为了保证品质和效果。如果超过了有效期，产品的效果可能会大打折扣，甚至可能对您造成不良影响。所以，从某种程度上来说，有效期其实是对您的一种保护。如果您坚持使用，在有效期内是一定会用完的。"

通过这样的话术，销冠不仅解释了有效期设置的合理性，还利用恐惧效应让客户意识到浪费和损失的可能性，从而增强了客户对产品的信任感和购买意愿。这样的话术结构为**"理解 + 引发 + 方法"**，简化为**"U+E+M"**。

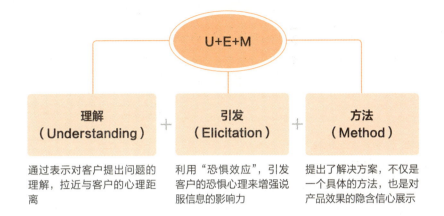

U+E+M

理解
（Understanding）
通过表示对客户提出问题的理解，拉近与客户的心理距离

＋

引发
（Elicitation）
利用"恐惧效应"，引发客户的恐惧心理来增强说服信息的影响力

＋

方法
（Method）
提出了解决方案，不仅是一个具体的方法，也是对产品效果的隐含信心展示

　　首先，表示理解客户的担忧，这种理解的态度让客户感到被重视，能够拉近与客户的心理距离。

　　其次，利用恐惧效应让客户意识到如果超过了有效期，产品的效果可能会大打折扣，甚至可能对他们造成不良影响。这种恐惧心理使客户更加珍惜产品的有效期，从而更加积极地使用产品。

　　最后，销冠提供了一个具体的解决方法："如果你坚持使用，在有效期内是一定会用完的。"这不仅是一个解决方案，也是对产品效果的隐含信心展示。客户在听到这样的话术时，会感到销冠对他的关心和对产品的信心，从而更加信任产品并愿意购买。

第七章

价格问题

在竞争激烈的市场环境中，价格问题无疑是销售过程中最棘手的挑战之一。销售人员不仅要面对客户对价格的种种疑虑，还要灵活应对他们提出的各种与价格相关的诉求，以确保交易顺利进行。那么，如何应对客户的价格质疑呢？掌握一些关键的原理和技巧，将有助于销售人员更好地应对客户的各种提问，从而顺利实现销售目标。

客户说"你们家的东西卖得比别人家的贵",如何回答？

当客户跟你问价时说"你们家的东西卖得比别人家的贵",一定要明白,客户跟你说贵的时候,不一定真的觉得你卖的产品太贵,真正觉得你卖的产品特别贵的人已经走了,说你卖的产品贵的人,一定是还对你卖的产品感兴趣的人。如果这个时候,你只是一味地去说产品质量比别人家的好,这很难打消客户的疑虑,他会认为你在"王婆卖瓜,自卖自夸",这在心理学中叫作**达克效应**。

达克效应指一个人在自己不懂的领域,会觉得它很简单,正因为有这种认知偏差,即使我们说产品的材料、工艺、品牌不同等,在达克效应的影响下,客户也只会觉得你是在狡辩而已。

客户："你们家的东西卖得比别人家的贵。"

⊗ **普通话术:**

销售员："您不能只看价格不看质量呀,一分钱一分货,您出去看看,外面还有比我们更贵的呢,我们的品牌也大,售后也好。"

✓ **销冠话术:**

销冠："我们好多客户刚开始都和您有一样的想法,后来用了我家的产品,就不用其他家的了。而且,姐,您一看就是个爽快人,我特别喜欢跟您这样性格的人打交道。您看现在市场都这么卷了,我们能够这样定价,一定是有原因和底气的,我们不可能把客户往外推呀,现在生意多难做呀,我能犯这个傻吗?"

切记,当客户说你家产品贵时,不要与客户争辩,先记住下面这个句式"A+P+R+C"。

A+P+R+C =

A（Approve）认同——接纳客户的说法

+

P（Praise）赞美——拉近和客户的关系

+

R（Rhetorical Question）反问——让客户自己做出选择

+

C（Case）举例——举其他客户的案例

　　我们先要接纳和认可，"我们好多客户刚开始都和您有一样的想法"，让客户放下戒备，减少冲突，而且还能暗示对方，你有这种想法是正常的，但这不影响你做出选择。紧接着去赞美对方，"姐，您一看就是个爽快人"，快速拉近和对方的关系。然后就可以反问她"您看现在市场都这么卷了，我们能够这样定价，一定是有原因和底气的，我们不可能把客户往外推呀，现在生意多难做呀，我能犯这个傻吗？"让客户自己觉察"产品质量不同，价格不同"是有道理的。最后，再渗透具体的客户案例，帮助客户做出选择，促成交易。

客户问"东西能不能再便宜点"，怎么回应？

在繁华的商业街上的一家时尚精品店内，一位男士正欣赏着一件设计独特的商品。店员小玲敏锐地发现了这位潜在客户，她优雅地走上前，微笑称赞："先生，您眼光真好，这是我们的新款设计。"男士询问能否打折，眼中流露出购买的欲望。

小玲知道这是机会，但价格谈判需要策略。她握有 300 元的优惠权限，却并不想一开始就全盘托出。于是，她委婉地提出可以优惠 200 元。然而，男士微笑表示还想要更多的优惠。

小玲决定运用"经理特批"策略，轻声说："先生，这已是底价，但若您真喜欢，我可以尝试向经理申请更多的优惠。"她转身回到办公室，模拟与经理沟通后，带着无奈的表情回到男士身边："先生，经理说最多再优惠 100 元。"然而，出乎意料的是，客户仍然摇头表示不满意。他嘟囔着"还是觉得贵"，最终放弃了购买。

问题究竟出在哪里呢？小玲反思了整个销售过程，突然意识到，在讨价还价的过程中，她忽略了引导客户做出购买承诺的重要性。根据**承诺锁定原理**，如果客户在讨价还价过程中做出了购买承诺，他们就不太可能轻易反悔。

承诺锁定原理是指一个人在做出承诺后，会倾向于保持与承诺一致的行为或态度。它解释了为什么人们会不自觉地按照自己的先前决定或承诺来行事。当人们做出一个决定或承诺时，他们的内心会产生一种驱动力，使他们按照这个决定或承诺去行动。这是因为人们通常认为自己的决定或承诺是正确的，并希望能够实现它们。如果发现自己没有遵循之前的决定或承诺，人们可能会感到内心不安。

当客户问"东西能不能再便宜点"时，一定要先运用承诺锁定原理。简单说就是，先让客户在对话里表个态，表示他们愿意买。这样一来，你的努力才不会白费。

客户："还能再便宜点吗？"

❌ **普通话术：**

销售员："这样吧，再给您便宜 200 元，您看行吗？"

✅ **销冠话术：**

销冠："如果您觉得价格合适，您确定会购买吗？"

客户："当然，价格合适我就买。"（初次承诺）

销冠："我们平时确实很少打折，但考虑到这个月是周年庆，我可以尝试为您申请一个特惠折扣。如果能为您争取到优惠，您确定会下单吗？"

客户："好啊，优惠的话我就买。"（再次承诺）

销冠："那我去帮您申请这个折扣，您确定会要吧？不会等我申请下来后又改变主意吧？"

客户："不会的，你放心吧。"（坚定承诺）

从上面的案例中可以看出，让客户做出承诺的核心话术是"Are you sure"，即"您确定……吗"。我们把这个承诺法叫作承诺锁定法。

承诺锁定法：

Are you sure？ 您确定吗？

"您确定今天要购买这款产品吗？"

"如果我能为您申请到特别的折扣，您确定会进行购买吗？"

"这款是您心仪的产品，您确定要选它吗？"

没有获得客户的承诺，哪怕你忙前忙后付出再多，客户都可能随时拒绝。通过让客户多次确认购买意愿，销售员不仅增加了客户的购买决心，还降低了客户反悔的可能性。

客户说"太贵了"，如何回应？

有时，即便你已经向客户提供了最优惠的价格，客户仍可能认为价格过高。面对这种情况，缺乏经验的销售员经常会直接尝试说服客户，但这样的做法往往效果不佳，例如：

"这个价格很公道了，产品的质量和价格是对等的。"
"这已经是优惠后的价格，真的很实惠了。"
"价格是公司定的，我也无能为力。"

其实，当客户开始表达价格过高的疑虑时，单纯的解释和辩解很少能改变他们的看法。因为当我们就"贵"与"不贵"和客户进行争论时，客户的思维其实一直被框定在"价格高"的观念里，这就是心理学中的一个概念——**框架效应**。

框架效应实际上是一种认知偏差，最早在 1981 年由阿摩司·特沃斯基与丹尼尔·卡内曼提出，它指的是当人们面对同一问题或信息时，由于问题的呈现方式或描述的不同，人们会做出不同的决策或判断。简单来说，就是人们对事物的看法和判断会受到问题表述方式的影响。

在销售过程中，我们不应该与客户就价格高低进行争论，而是要尝试改变他们对价格的认知框架。要避免将对话变成一场辩论，从客户的角度出发，重新定义问题，即"转换框架"，然后再寻求解决方案。

客户："太贵了！"

❌ **普通话术：**

销售员："其实不贵，您看看这质量，我们的产品是用顶级材料制作的。"

✅ **销冠话术：**

销冠："您是不是觉得这个价格不够划算？其实，我们的产品使用的都是经久耐用的材料，用五六年不是问题。而那些便宜的产品可能一两年就坏了，从长远来看，选择我们的产品其实更划算。而且，使用我们的产品还能提升您的品位和形象，您说是不是？"

其实，"转换框架"就是站在客户的立场上，重新阐述他们的问题，从而转移他们的关注点，改变他们的认知。比如，我们还可以把"太贵了"这个问题转换为"支付有点压力""更关注性价比"或者"想要一些优惠"等角度来处理。这样做不仅可以有效地缓解客户的价格敏感，还能引导他们更加关注产品的整体价值和长期效益。

客户："这套沙发好是好，就是太贵了！"

❌ **普通话术：**

销售员："不贵呢！您看看这沙发的皮质，这做工，都是顶级的。"

✅ **销冠话术：**

销冠："李大哥，我完全理解您对价格的关注。不过，您也知道，真正的高品质生活是需要一定投入的。这套沙发不仅代表着顶级的舒适与奢华，更是您品位的象征。而且我们现在正好有 VIP 名额的活动，您可以享受到内部折扣价，这样的机会非常难得哦！"

在面对客户的价格质疑时，采用"框架转换"的方式，不仅关注到了客户的感受，还强调了产品的独特价值和活动的难得性，从而让客户更加愿意接受这个价格。

137

客户说"预算不够"，如何回应？

做销售工作，经常会遇到客户说："预算不够。"一般情况下，我们该如何回应呢？多数销售员遇到这种情况时会问客户："那您的预算是多少呢？"然而客户并不会给你一个确切的数字。这时候，你觉得既然客户预算不够，就推荐一款便宜点的产品给客户吧！结果客户却离开了。

记住，当客户说预算不够时，千万不要急着向客户推荐便宜的产品，而是要探清虚实：客户是真的预算不够，还是只是找个借口？那么，客户一般在什么情况下会说出预算不够呢？

①你的价格超出了客户的预算，客户原本没打算花这么多钱；
②客户想用这种方式来压低你的报价，预算不够只是个借口；
③客户并不是十分中意产品，不太想购买，找个推脱的理由；
④客户很中意产品，但确实没有购买财力，只能退而求其次。

上面四种情况的应对策略是不一样的，你不能只用一种策略来应对，这时候就需要学会一个法则——利益权衡法则。

利益权衡法则是一种心理学原理，也是决策制定中的一种策略。这个法则指出，在面对多个选项或决策时，人们会综合考虑每个选项的潜在利益和损失，然后选择总体上对他们最有利的选项。这个过程涉及对不同选项的利弊进行权衡，以便找出最佳平衡点。

那么，在客户说"预算不够"时，如何启动"利益权衡法则"进行有效应对呢？我们可以使用这样一个句式：询问—判断—改变，也就是"I—J—C法"。

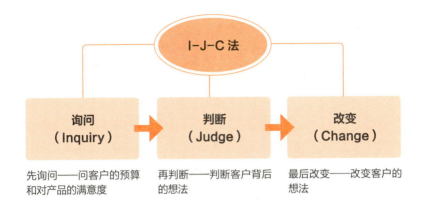

I-J-C 法

询问
（Inquiry）
先询问——问客户的预算和对产品的满意度

判断
（Judge）
再判断——判断客户背后的想法

改变
（Change）
最后改变——改变客户的想法

客户："这套家居装饰品太贵了，超出了我的预算。"

⊗ **普通话术：**

销售员："那您可以看看我们店里其他便宜的款式。"

⊘ **销冠话术：**

销冠："我完全理解您的担忧，预算确实是我们购物时需要考虑的重要因素。不过，我想先了解一下，您对这套家居装饰品的哪些方面比较满意呢？"

客户："我很喜欢它的设计和质感，但是我觉得价格太高了。"

销冠："确实，价格是一个重要的考虑因素。但是您也知道，高质量的产品往往需要更高的投入。这套家居装饰品的设计独特，材质上乘，能够为您的家居环境增添不少亮点。而且它也是一个长期的投资，好的家居装饰品能够经久耐用，提升您的生活品质。您觉得呢？"

在这个案例中，销冠运用了"I-J-C法"来应对客户的"预算不够"问题。先是通过询问了解客户对产品的喜好和预算限制，然后判断客户话语背后的真实想法，并通过权衡利弊来改变客户的想法。这种方法不仅尊重了客户的需求和预算，还成功地引导客户重新思考预算与产品价值之间的关系。客户可能会意识到，虽然价格稍高，但产品的独特价值和长期效益是值得投资的。

客户说"不打折的话，就不买了"，如何回应？

折扣效应

在销售领域中，销售员除了被客户问还能不能再便宜点，还经常能听到这样的话"不打折的话，就不买了"。这种情况下，销售员的反应通常是开始犹豫，然后尝试以各种方式提供折扣，或者说服客户这个价格是合理的。然而，这些做法都可能导致销售员失去销售的机会，一旦不能满足客户的心理预期，成交必然难上加难。

为什么客户明明看好商品，也觉得价格合理，却还是"威胁"一下呢，这种心理，在消费心理学上有一个名词叫——**折扣效应**。

折扣效应是指在消费行为中，消费者对打折商品或活动表现出强烈的兴趣和购买欲望。这种心理效应基于人们追求物美价廉的心态。尽管消费者明白"天下没有免费的午餐"，但打折或优惠的商品往往能够吸引他们的注意力，引发购买行为。

那么，面对客户对折扣的要求，销售员应该如何回应呢？我们先来了解一下，在实际销售过程中，**销售员常常犯的几种错误：**

一、推卸责任 —— 我也想给你打折，但公司规定就是这样

这种回应会让客户觉得公司的规定不合理，因为销售员自己都觉得客户的要求是合理的。

二、贬低竞争对手 —— 别人打折是因为他们的产品质量差，卖不出去

这种说法会给客户留下销售员心胸狭隘的印象，因为客户能够看到竞争对手的产品，这样的回应只会让客户觉得你在不公正评价竞争者。

三、轻易让步 —— 好吧，那我给你打个 ×× 折

如果一开始表示不打折，但在客户施加压力后又突然打折，这会让客户觉得你的定价很随意，从而降低对你的信任度。

因此，如果你没有折扣权限，最好的策略就是坚定地告诉客户你不提供折扣，并解释不打折的理由，从而将这一不利因素转化为你的优势。即使你有折扣或赠品权限，也不应轻易让步。因为这与你之前的表态不符，会让客户质疑你的诚信。

此时，你可以采用**条件交换法**，即为客户打折设定一些条件，让客户觉得折扣来之不易，从而增加折扣的价值感。"条件交换法"的核心沟通框架可以表述为：**"尽管我们的服务／产品无法提供折扣，但如果您愿意做出……我将为您提供……"** 举例来说，"我们的家具不提供直接折扣，但如果您愿意在社交媒体上分享您的使用体验，我可以为您提供一个价值 ×× 元的小家具或装饰品。"

客户："为什么别人都在打折，你们却不打折？"

⊗ **普通话术：**

销售员："这是公司的规定，我也没办法。"

⊘ **销冠话术：**

销冠："我们的定价非常实在，您也看得到。而且我们更重视产品质量和服务。"

客户："可是我买这么多也不给打个折，那算了，我不买了。"

销冠："我们确实不打折，但看您这么有诚意，您再选一个产品，凑个 ×× 元整，我可以帮您申请成为我们店的 VIP，这样您可以享受 ×× 元的现金券和一份特别的礼品。"

通过使用条件交换法，销售员不仅坚守了价格体系，还通过提供额外的价值，如 VIP 资格和特别礼品，增强了客户的购买动机。这种方法既满足了客户心理需求，又维护了销售员的主动权，确保了交易的顺利进行。

客户担忧太便宜的产品质量不好，如何回应？

价格—质量启发式

在销售过程中，我们经常会遇到客户因为产品价格相对较低而对其质量表示疑虑的情况。其实，这种担忧很正常，因为"一分钱一分货"的观念在消费者心中根深蒂固。然而，作为一名销售员，我们必须巧妙地处理这种疑虑，帮助客户理解低价并不代表低质，并引导他们看到产品的真正价值。

销售场景：

客户走进店铺，对某款产品表示出兴趣，但看到价格后却产生了疑虑："这款产品怎么这么便宜，是不是质量不好？"

❌ **普通话术：**

销售员："您放心，我们这是大品牌，质量有保证。"

✓ **销冠话术：**

销冠："我完全理解您对价格的疑虑。确实，很多时候价格可以反映产品的成本和质量。但是请您相信，我们这款产品之所以能够做到如此便宜的价格，是因为我们采用了先进的生产技术和成本控制手段，而不是在质量上做了妥协。实际上，我们非常注重产品的性价比，希望能够让更多的消费者在不需要支付过高费用的情况下享受到高质量的产品。您可以亲自试用一下，感受一下这款产品的品质和性能，我相信它会给您带来惊喜。"

通常情况下，客户能够问出这句话时，心理上是在受**价格—质量启发式**的影响，价格—质量启发式是客户在购买决策中常用的一种心理捷径。由于信息不对称和缺乏全面信息，客户在购买产品时，往往会根据产品价格来推断其质量。价格较高，消费者可能会认为质量较好；价格较低，则可能引发质量疑虑。

143

因此，在回答客户的这个疑问时，只是简单地回答"我们是大品牌，质量有保证"或者"这个价格已经物超所值"等，往往难以完全打消客户的疑虑，反而会让客户觉得销售员在回避问题。

这时候要想很好地回应客户，我们需要学会一个策略：**明确产品定位 + 强化产品品质信息传达 + 提供试用机会，我们用"P+D+P"来表示。**

P+D+P =

P（Positioning）：明确产品定位
+
D（Delivering）：强化产品品质信息传达
+
P（Providing）：提供试用机会

再回到之前的销售场景，销冠没有直接反驳客户的疑虑，而是表示理解，并指出价格与质量之间的关系并不是绝对的。他强调，这款产品之所以价格便宜，是因为采用了先进的生产技术和成本控制手段，而不是在质量上做了妥协。这样的回答帮助客户重新定位了产品，即这是一款高性价比、采用先进技术生产的产品，而非传统意义上的"便宜货"。

接下来，销冠通过传达产品品质信息来进一步消除客户的疑虑。他强调了产品的高性价比，说明公司非常注重这一点，并希望能够让更多的消费者享受到高质量的产品而不需要支付过高的费用。这样的回答不仅传达了产品的品质信息，还体现了公司对消费者的关心和承诺。

最后，销冠提供了试用机会，邀请客户亲自试用产品以验证其品质和性能。这一步骤非常重要，因为亲身体验往往比任何口头描述都更有说服力。通过试用，客户可以直观地感受到产品的优点和性能，从而打消对质量的疑虑，让产品成交更快。

客户说"我就想要你们这儿最好的产品",如何回应?

凡勃伦效应

在销售领域,时常会听到客户斩钉截铁地说:"我就想要你们这儿最好的产品。"而当销售员真的把最好的产品——"镇店之宝"介绍给客户时,客户却不满意,这是什么原因呢?

因为当客户明确地表示"我就想要你们这儿最好的产品"时,这不仅是对产品品质的至高要求,更是对身份与品位的无声彰显。然而,真正的高端销售并非简单地提供"最贵"或"最好"的商品,而是深谙客户内心的渴望,精准地为其打造一份专属的尊贵与独特。

客户:"我想要你们这儿最好的西服。"

⊗ **普通话术:**

销售员:"好的,先生,我们店里最好的西服是这款纯羊毛、手工缝制的西服,价格是××元。这款西服是我们店里最贵的,质量最好的,您穿上一定非常合身且有品位。"

⊘ **销冠话术:**

销冠:"先生,我完全理解您对高品质的追求。在我这里,'最好'并不仅仅是价格的问题,更重要的是,找到一款真正能够衬托您身份和品位的西服。我为您推荐这款纯羊毛、手工缝制的西服,它的每一个细节都经过精心设计和打造,穿上它能确保您在任何场合都能展现出无与伦比的优雅和自信。而且,这款西服是我们店的限量版,穿上它,您将成为独一无二的焦点。价格方面,这款西服的确是我们店里的高端产品,但相信我,它的品质和独特性绝对值得。"

不难看出,销冠的话术更加深入和细致。他不仅介绍了产品的品质和独特性,还强调了产品的稀缺性(限量版),从而更好地满足了客户的炫耀性消费需求。同时，他也明确提到了价格，但却以一种更加委婉和合理的方式说出，让客户感受到每一分钱都花得值。

我们先来分析一下，客户提出要最好的产品的心理是什么？一百多年前，美国经济学家凡勃伦在《有闲阶级论》一书中，揭示了一种特殊的消费心理——**炫耀性消费**。他指出，消费者在购买某些商品时，并非仅仅追求物质层面的满足，而是更多地寻求心理上的满足感。这种心理驱动导致了一种有趣的经济现象：商品价格越高，反而越能吸引消费者的目光和购买欲望。这一现象被经济学界称为**凡勃伦效应**。简而言之，就是高价商品因其能够彰显消费者的身份和地位，反而更受市场欢迎。

那么，在实际销售过程中，如何更好地运用"凡勃伦效应"呢？我们可以用这样的话术结构：**定位 + 限量 + 憧憬**，我们可以表达为**"P+L+L"**法。

P+L+L

P（Positioning）定位：确定产品或服务在市场上的位置
+
L（Limited）限量：有限的数量
+
L（Longing）憧憬：未来的美好期望和向往

由凡勃伦效应可见，客户想要的不仅仅是产品本身，更想要一种身份的象征和品位的展现。因此，销冠回应客户："我完全理解您对最好产品的追求。但在我这里，'最好'并不仅仅是价格最高或功能最全面，而是最适合您、最能体现您品位和身份的产品。我为您推荐的这款商品，不仅品质卓越、设计独特，更重要的是，它能完美诠释您的个性和品位。"

通过这样的话术，销冠不仅满足了客户的实际需求，还让客户感受到购买高价商品所带来的心理满足感和炫耀的资本。

客户让在线报价，怎么回应？

在销售过程中，销售员经常会遇到客户要求在线报价的情况。这种要求通常源于客户对时间和效率的考量，他们希望通过快速获取价格信息来做出决策。然而，对于销售员来说，如何妥善处理这一要求，既满足客户的需求，又能有效展示产品价值，便成了一项挑战。

很多销售员认为，我为客户发过报价单了，客户看了后觉得合适自然会联系，不联系就是不感兴趣，说再多也无用。到月底业绩不高的时候，可能还会说，是公司价格定得太高，客户根本不会选。

其实，我们应该明白一点，作为销售员，不是只提供"菜单"让客户选择，我们首先要学会一个定理：阿尔巴德定理。

阿尔巴德定理说的是，一个企业经营成功与否，全靠对顾客的要求了解到什么程度。看到了别人的需求，你就成功了一半；满足了别人的需求，你就成功了全部。这个定理是由匈牙利全面质量管理国际有限公司顾问波尔加·韦雷什·阿尔巴德提出的，强调的是，对客户需求的理解和满足是企业成功的关键。

客户："小李，发个报价单过来。"

⊗ **普通话术：**
销售员："王总，我这就发给您。"
客户："我只看底价。"
销售员："这价格都是公司定好的，您要是喜欢再给您优惠点。"

⊘ **销冠话术：**
销冠："王总，我这就给您准备一份最新的报价单，不过为了节省您的时间，您看还有哪些需求提前跟我说一下，我好针对您的需求，提前把您可以着重看的地方标注出来。"
客户："你把底价一起都发给我。"

销冠："王总，这优惠都不用您说，我肯定帮您争取一步到位，不过具体还是要看您选中哪款产品，毕竟我也想多签一单，到时候我和领导再努力争取一下价格，东西您又喜欢，这不是皆大欢喜吗？咱俩先简单通个电话，您具体提一下要求，我这边资料也能准备得更精准一些。"

从上面案例中，我们能够看出，在线给客户报价时的话术，一定要遵循这三个步骤：**第一，确定并复述需求；第二，凸显专属优惠；第三，塑造自我价值。**我们把这个话术结构简称为**"DDR"报价法**。

"DDR"报价法 ＝ D（Determine and Repeat Demand）：确定并复述需求
＋
D（Display Exclusive Discount）：凸显专属优惠
＋
R（Reinforce Self—Value）：塑造自我价值

一是确定并复述需求。这一步是确保销售员准确理解客户的需求，并通过复述来与客户确认，从而为后续提供精准报价和解决方案打下基础。

二是凸显专属优惠。在确认需求后，销售员需要向客户展示针对其需求的专属优惠，这不仅能够吸引客户的注意力，还能够增强客户的购买意愿。

三是塑造自我价值。强调销售员或销售品牌的专业性、经验和独特价值，以增强客户对销售员和产品的信任感，从而促进成交。

客户说"多送几个赠品就买"，如何应对？

在销售过程中，我们常常会遇到这样一种情况：客户对商品表示满意，但却在最后一刻提出一个条件——你再多送几个赠品，我就买。面对这样的要求，销售员往往会陷入两难境地：一方面，公司规定和成本控制使其不能随意赠送赠品；另一方面，我们又不想因此失去一个潜在的客户。那么，应该如何应对这种尴尬的局面呢？

这时我们需要深入了解客户提出这种要求的真实心理。其实在这背后往往隐藏着一种**价值最大化心理**。这是一种人类普遍存在的心理现象，即在决策过程中，人们总是追求能够获得最大价值或效用的选择。在购物时，客户往往希望通过获取更多的赠品来增加购买的价值感，从而实现心理上的满足感。

然而，作为销售员，我们不能仅仅满足客户的需求，更要引导客户理性消费，这就需要我们运用一些策略来应对客户的这种要求。

客户："能不能多送我一点赠品，反正就你们几个人知道，其他客人也不知道，你再多送我一套，我就买了。"

⊗ **普通话术：**

销售员："那不能呀，我们每一单都是有数的。"

⊘ **销冠话术：**

销冠："真的不好意思，我们公司的所有赠品都是由公司统一分发到店铺的，所以每销售出去一单我们都是有记录的，这个确实是没有办法，但是您现在选择了我家的产品，就可以成为我们的会员，等下次就可以使用积分兑换赠品了，会员也会有专属的赠品服务。"

从上面的案例中可以看出，当客户提出多送赠品的要求时，我们要掌握这样的话术规则：**CPR**。

CPR =	C（Clarify）：明确公司的规定和原则
	+
	P（Pivot）：转移客户的注意力到产品的核心价值上
	+
	R（Replace）：提供其他替代性的优惠方案

首先，我们可以明确公司的规定和原则。例如，"非常感谢您的关注和支持。不过，关于赠品，我们公司有明确规定。每一位顾客都会按照购买金额获得相应数量的赠品，这是为了确保每一位顾客都能得到公平对待，希望您能理解"。

其次，转移客户的注意力，让他们更加关注产品的核心价值。比如，"其实，您选择的这款产品本身就已经具有很高的性价比了。它的质量、性能和售后服务都是一流的，相信它能给您带来更好的使用体验。赠品只是我们对您购买的一种小小感谢，但产品的价值才是最重要的"。

最后，我们可以考虑提供其他替代性的优惠方案。例如，"虽然我们不能增加赠品数量，但我们可以为您提供一些其他优惠服务，如延长保修期、提供免费的维修服务等。这些服务同样能给您带来实惠和便利"。

也许客户并不是真的在乎赠品的数量，而是希望通过这种方式获得更多的关注和服务。因此，我们还可以说："我非常理解您的想法。赠品确实是一种额外的福利，但请您放心，我们会为您提供最优质的服务。无论您购买多少产品，我们都会竭诚为您解答任何问题，并提供必要的帮助。"

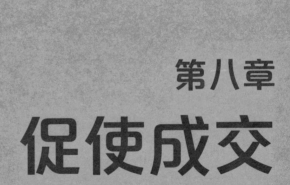

第八章

促使成交

在这个消费者主权时代，销售的艺术已不再是单纯的"卖产品"，而是一场与客户心灵的对话。当客户对产品表示出好感，或是流露出犹豫、考虑的情绪时，销售人员如何巧妙运用话术促单，是成交的关键。

当客户称赞产品不错时，我们如何利用这一瞬间的认同感，迅速促成交易呢？当客户表示需要再考虑，或是要与他人商量，甚至想要"到别处转转"时，我们又该如何巧妙回应，留住客户的心？而在会场销售中，如何优雅地"逼单"，让客户心甘情愿地购买？更微妙的是，当价格成为障碍时，一个简单的"加1元"策略，可能成为打破僵局的奇招。那么，具体怎么做呢？让我们在本章找到这些答案吧。

客户说"这款产品挺好的"，如何快速成交？

当客户对某件商品表示出浓厚的兴趣，并且明确地流露出购买意愿时，如何做才能顺水推舟地促成交易呢？许多销售员常常会这样问："您今天打算购买吗？"然而，这样的问法其实并不明智。

因为此时客户的注意力正集中在产品的亮点上，一句"是否购买"的询问很可能让客户重新审视产品的利弊，从而犹豫不决。客户因此会回答："我再想想吧。"这样一来，销售员之前的努力就会付诸东流。

面对表现出购买意愿的客户，精明的销售员会避免直接询问是否购买，而是转而讨论购买后的具体问题，例如，"您喜欢哪种颜色，白色还是黑色""您需要购买一个还是两个""您希望自行提取还是需要我们为您送货到家"等。这样做能够将客户的关注点引导到交易完成后的情景上，这就是利用了心理学中的**注意力法则**。

注意力法则指的是，你越是专注于某件事情，你的思维和行为就越容易受其影响。如果你对某件事情反复思考，它最终将主导你的思维，并影响你的决策。注意力法则的核心在于，**你所持续关注的事物会在你的生活中不断扩大其影响力。**

在销售过程中，销售员应将焦点放在交易的完成上，以成交为导向与客户进行沟通。简言之，就是要与客户讨论交易完成后的相关问题，如服务、使用方法和维护保养等，而不是纠结于客户购买的意愿。

客户："这款手提包真的很不错！"

❌ **普通话术：**

销售员："那您今天想不想买一个回家呢？"

客户："今天就算了，以后再说吧。"

　　这种促成交易的方法被称为**假定成交法**，即在销售过程中假设客户已经做出了购买决定，给予客户一种已经拥有产品的身份感，并引导他们想象购买后的使用场景。例如，当房产经纪人带客户参观房屋时，可以说"这就是您未来的客厅，是不是感觉非常宽敞、舒适"，或者说"这是您的阳台，视野是不是非常开阔"。通过假定成交的话术，客户的注意力被成功地转移到了购买后的生活场景上。

　　不过要切记，**假定成交法应在确认客户有明确购买意愿时使用**，并且在运用过程中要保持语言自然流畅，循序渐进地引导客户，促成交易。

客户说"我再考虑一下"，
如何回应？

在销售过程中，销售员常常会碰到这样的情形，你为客户精心推荐了多款产品，从 A 款详细介绍到 B 款，最终客户却只是淡淡地说："我再想想。"面对这样的回应，有的销售员可能会选择顺应客户，例如，"好的，您考虑好了随时找我。"

然而，等客户"考虑好了"再购买往往只是一个美好的期望。实际上，当客户说出"我再想想"时，这很可能是一种委婉的拒绝，潜台词或许是"我并不太想买"。销售员应该意识到，不只以明确的态度拒绝是销售抗拒，像"我再想想""我再考虑一下""下次再买"或"我再逛逛"这样的回应，同样也是销售抗拒的信号。

那么什么是**"销售抗拒"**呢？在销售过程中，客户提出的所有问题、疑虑、借口、推脱和拒绝等，都可以归结为"销售抗拒"。销售的本质其实就是不断解决这些抗拒的过程。客户在购买产品时产生疑虑或抗拒是完全正常的。作为销售员，在面对这些抗拒时，不仅要学会探索客户的深层次顾虑是什么，还要学会如何有效地化解它们。

客户："我再考虑一下。"

⊗ **普通话术：**
销售员："好的，那您考虑好了随时联系我。"

✓ **销冠话术：**
销冠："我完全理解您的想法，购物时多加考虑是非常明智的。但我想进一步了解一下，您目前主要的顾虑是产品的效果、价格，还是对款式不满呢？"
客户："我觉得浅色可能容易显脏。"
销冠："我们也有深色款的产品，我给您展示一下。"

面对客户的"我再考虑一下",销售员应该引导客户明确表达出他们最大的顾虑。这里可以采用**"理解 + 询问 + 化解"**,句式结构是这样的: **U+I+D**。

U(Understand)理解: 对客户的抗拒行为表示理解

+

I(Inquiry)询问: 询问客户最大的抗拒点

+

D(Defuse)化解: 对客户的抗拒点进行化解

以上面的话术为例,销冠以"我完全理解您的想法,购物时多加考虑是非常明智的"来表达理解,接着询问客户"您目前主要的顾虑是产品的效果、价格,还是对款式不满呢"来明确客户的抗拒点是什么,更准确地把握客户的需求和顾虑。在得知客户对浅色可能容易显脏的顾虑后,销冠立即回应:"我们也有深色款的产品,我给您展示一下。"以此来化解客户的顾虑。当销售员真正解决了客户的顾虑,客户很可能会因为需求被看见,而更倾向于购买产品,这也是"销售抗拒"背后隐藏的成交机会。

客户说"我要和 XX 商量商量"，如何应对？

在销售过程中，我们常常会遇到这样的情形：客户对我们的产品表现出浓厚的兴趣，甚至流露出购买的意愿，然而在最后关头，他们却表示需要与某位家人或同事"商量商量"。面对这种情况，销售员如何妥善处理，成了转化潜在客户为实际购买者的关键。

在这种情况下，销售员需要格外注意自己的言辞和策略。一方面，过于急切或强硬的推销方式，如"这个真的很适合您，没必要再商量了"，往往会让客户感到压迫，甚至产生反感。另一方面，过于消极或放任的态度，如"好的，您商量好了再告诉我"，则可能让销售员错失良机，因为客户在商量的过程中可能会遇到各种变数，导致最终放弃购买。

为了更有效地应对这种情况，我们先要学习一个概念——**消费者角色**，我们要明确分析出沟通的这位客户在消费者角色中扮演的是什么角色。一般来讲，**消费者角色包括消费的倡导者、决策者、影响者、购买者和使用者这五种**。每一种角色都对消费行为产生重要影响。因此，销售员需要明确客户在与谁商量，这个人是决策者、影响者还是使用者，从而制定相应的策略。

客户："我得跟孩子的妈妈商量一下，看看她怎么想的。"

⊗ **普通话术：**

销售员："没问题，您商量好之后再告诉我吧。"

⊘ **销冠话术：**

销冠："我明白，家庭买东西嘛，肯定得大家意见一致。在您跟家人商量前，能不能先跟我说说，您觉得您爱人可能会对这个产品的哪些方面提出异议呢？如安全问题、好不好用，或者价格合不合适？这样我就能给您更准确的信息，您跟家人说起来也更有底气。"

客户："她心里最在意的，就是这个产品到底安不安全，还有就是孩子用的时候会不会喜欢。"

销冠："这个请您放心，我们的产品非常注重用户的安全和体验，它有多重安全防护措施，保证用户的安全。而且界面设计简洁直观，就像冒险游戏中的宝藏地图，孩子一看就会懂，一玩就会上手！之前就有位客户因为看重我们产品的安全性和体验而选择了它，他还说孩子非常喜欢，操作起来也很方便。所以，我相信您的家人也会对我们的产品爱不释手的！"

这段对话中，销冠并没有直接让客户去找家人商量，而是先通过提问了解客户爱人在意的问题，然后针对可能出现的顾虑，进行针对性的案例解答，句式结构是：**提问 + 案例（Q+C）**。

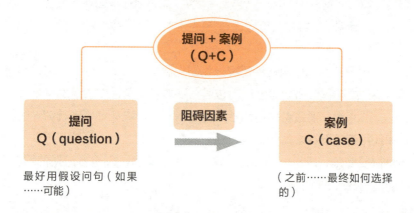

以上面这个事件为例，客户对他的妻子是最了解的，通过"您觉得您爱人可能会对这个产品的哪些方面提出异议呢"的"假设问句"，可以了解消费的决策者在做决定时可能出现的阻碍因素，当客户说出顾虑后，再用一个具体的案例"之前就有位客户因为看重我们产品的安全性和体验而选择了它，他还说孩子非常喜欢，操作起来也很方便"，告诉客户回去应该如何说服对方，从而最终促成交易。

巧妙应对客户说"我到别处再转转"

"货比三家",这一观念似乎是每个消费者在购物过程中难以抗拒的天性,客户即便是对眼前的产品已经心生喜爱,而且产品也符合他的所有预期,但在下定决心购买之前,还是会情不自禁地想要再去其他地方转转,看看是否还有更好的选择。

这种行为在心理学中有一个颇为贴切的称谓——**布里丹毛驴效应**。这个效应的名字源于法国哲学家布里丹提出的一个思想实验:布里丹养了一头小毛驴,他每天向附近的农民买一堆草料来喂驴。然而,有一天农民多送了一堆草料,放在与原来的草料完全相等的距离上。这头可怜的毛驴站在两堆完全一样的草料中间,犹豫不决,不知道应该先吃哪一堆,因为它无法做出选择,最终被活活饿死。

布里丹毛驴效应揭示了人们在决策过程中可能遇到的困境,即当选择过多或选择之间差异不明显时,人们可能会陷入犹豫不决的状态。我们的客户在面对琳琅满目的商品时,是否也会像那头小毛驴一样迷茫呢?

所以,当客户说出"我想再转转"时,其实是他们在表达对产品或服务的某种不确定或不满。这时候,销售员最应避免的就是强行阻拦和急于求成。相反,应该像一位贴心的顾问,深入了解客户的需求和疑虑。

客户:"我想再转转。"

❌ **普通话术:**
销售员:"好的,您再多比较比较,有需要的话再来找我。"

✓ **销冠话术:**
销冠:"您来我这儿是第一家店,想去别家比较一下是应该的,但我觉得人一定要相信自己的第一感觉,第一感觉往往是最准的。我想冒昧地问一下，您要去别家转转的原因是什么呢？是对这款服装不满意，还是有什么特别的需求呢？您可以再说说，我可以为您推荐更合适的产品。"

客户："我觉得都行，就是想再转转，比较比较。"

销冠："好的。我们这个行业的水挺深的，您去别的店比较一定要注意这三点：一是面料，二是版型，三是品牌。我给您推荐的这个版型是非常适合您这样的身材的，您看下试穿的效果就知道啦。"

一般情况下，客户想要再转转有两种情况：一种是对商品不太满意，另一种是客户对商品比较满意，就是习惯性的"货比三家"。无论哪种情况，我们都需要用到这个句式来引导客户继续与你沟通，句式结构是**"认同 + 询问 + 播种"**，简化为**"A+I+S 法"**。

通过"您来我这儿是第一家店，想去别家比较一下是应该的"认同客户的想法，接着询问"是对这款服装不满意，还是有什么特别的需求呢？"，最后在客户的心里播下种子——"我们这个行业的水挺深的，您去别的店比较一定要注意这三点：一是面料，二是版型，三是品牌，我给您推荐的这个版型是非常适合您这样的身材的，您看下试穿的效果就知道啦"。这样，就算客户真的去别的地方比较，也会随时想起你。

客户说"需要的话，我再联系你"，如何回应？

马蝇效应

在销售过程中，销售员肯定都碰上过这样的情况：与客户沟通顺畅，气氛相当融洽，客户甚至流露出了购买的意愿。然而，就在你满怀期待地等待签约时刻的到来时，客户却突然变得犹豫不决，签单环节一拖再拖，几经催促，客户大多会说："需要的话，我再联系你。"面对这种情况，销售员该如何巧妙应对，才能促成交易呢？

这里，我们不得不提一个企业管理理论中的经典概念——**马蝇效应**。马蝇效应的意思是即使是最懒惰的马匹，在感受到马蝇的叮咬时，也会立刻变得精神抖擞，奋力奔跑。在销售领域，马蝇效应同样能发挥奇效。

当客户在签单的最后关头犹豫不决时，作为销售员，你可以尝试运用马蝇效应，给予客户一些恰到好处的"刺激"，以激发他们做出购买决策。**限时限量成交法**便是一种行之有效的策略。

> 客户："需要的话，我到时候联系你！"
>
> ⊗ **普通话术：**
> 销售员："好的，那您随时联系我。"
>
> ⊘ **销冠话术：**
> 销冠："先生，是这样的，我们这次展会的 VIP 席位非常抢手，目前仅剩下两个名额，而且已经有其他客户在咨询了。因为我觉得跟您聊得特别投机，所以特意为您保留了一个席位。不过，这个席位我也不能一直为您留着，毕竟还有其他客户在等候。如果您有兴趣，我建议尽快做决定哦！"

这个案例就是利用了限时限量成交法，使用这种方法的关键是**设定一个明确的时间限制和一个明确的产品数量限制，以激发客户的购买紧**

迫感。通过告诉客户有其他客户也在关注或者已经表达了购买意愿，销售员巧妙地制造了一种竞争氛围，使客户意识到如果不及时做出决定，可能会失去一个难得的机会。同时，由于销售员之前与客户建立了良好的关系，因此，这种刺激并不会让客户感到被冒犯或者有压力，相反会让他们更加认真地考虑是否购买。

这个方法的关键点在于**"限时 + 限量"**。

限时

您 × 月 × 日前购买的话
可以享受 × 折优惠

限量

目前只有 × 个名额了，再
不预定就没有了

切记，我们接收到客户的购买信号，但客户表现出犹豫不决时，可适时采用限时限量成交法的销售策略。不过，要是客户心里并没有购买意愿，那这个方法可能就没有那么好用了。

会销现场优雅"逼单"话术

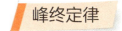

在销售领域中，会销活动无疑是展示产品、吸引客户和促成交易的重要舞台。我们常常花费大量的时间和心血去筹备，从活动的构思、邀请嘉宾、布置场地，到流程的安排，每一个环节都力求完美。然而很多时候，会销活动的成功与否，往往在最后一刻的"逼单"环节中揭晓。

拿破仑曾言："最后5分钟决定兵家成败。"在心理学上，这被称为**峰终定律，峰终定律揭示了人们对体验的记忆规律**，它指出，人们对某次体验的评价，主要取决于两个关键时刻：过程中的最强体验和结束前的最终体验。因此，在会销活动的尾声，如何巧妙地为客户创造一次难忘的高峰体验，就显得尤为重要。

所以，当活动接近尾声时，我们要做的不仅仅是简单地催促客户下单。相反，我们要为他们点亮一盏"信号灯"，指引他们走向购买的彼岸。这盏"信号灯"不仅照亮了客户的购买之路，更温暖了他们的心，激发了他们的行动欲望。

因此，这盏**"信号灯"**有三重使命：

1. **照亮黑暗**——给客户提供你的解决方案，让他们看到希望。
2. **号召行动**——号召客户从此刻开始，朝着目标行动和前进。
3. **转化成交**——把潜在客户转化成你的忠实粉丝。

首先，"信号灯"要照亮客户心中的疑虑，用你的专业知识和热情服务为他们提供解决方案，让他们看到希望；

其次，"信号灯"要号召客户采取行动，从现在开始，与你携手共进，朝着更美好的生活迈进；

最后，"信号灯"要将这些潜在客户转化为你的忠实粉丝，成为你销售生涯中的得力助手。

那么，如何优雅地点亮这盏"信号灯"呢？

⊗ **普通话术：**

销售员："现在是最后的购买时机了，错过就没有了。"

⊘ **销冠话术：**

销冠："亲爱的朋友们，感谢大家今天的热情参与。为了表达我们的感激之情，我们为现场前 30 名交定金的朋友准备了一份特别的优惠。这不仅仅是对您信任的回报，更是对您未来幸福生活的美好祝愿。机会总是留给那些有准备的人。现在，就是您行动的最佳时机！不要犹豫，不要等待，让这份优惠和产品的价值共同开启您的美好生活之旅！"

在活动的最后时刻，为客户创造一个难以抗拒的彩蛋，比如，额外的优惠、特别的礼品或者增值服务等，都能让他们在惊喜中感受到我们的诚意和专业。这样一来，不仅加深了客户对我们的印象和好感，更为后续的转化和口碑的传播奠定了坚实的基础。

打破价格僵局——
"加1元"话术

在销售过程中，我们经常会遇到客户在成交环节犹豫不决的情况，这往往会导致销售进程受阻。那么，如何打破销售僵局呢？我们可以使用一种高效的促单技巧——**"加1元"策略**，它背后的心理学原理是**比例偏见效应**。

比例偏见效应是消费者心理学中的一种重要现象，指的是人们在对两个相同的比例或倍率进行比较时，通常会认为数值较大的比例或倍率具有更大的可能性或价值。在销售中，我们可以巧妙利用这一效应，通过微小的价格调整来让客户感觉受到了大的优惠，从而促成交易。

想象一下，你正在销售一款价值1000元的手机，并且打算赠送一个价值50元的鼠标作为促销。然而，客户可能会对这个优惠力度产生怀疑，认为这只是商家的一种营销手段。那么，如何改变客户的这种认知呢？

你告诉客户："您购买的这款手机1000元已经非常划算了，而且现在只要再加1元，就可以换购一个价值50元的鼠标。"

通过这样的话术，客户会立刻感受到一种"倍率感"，即用极小的代价换取了较大的回报。这种感受会让客户觉得这次购买物超所值，从而更容易做出购买决策。

除了销售手机的例子外，"加1元"策略还可以广泛应用于其他销售场景。比如，在餐饮行业中，餐厅可以推出"加1元换购特色小吃"活动；在销售服装时，商家可以提供"加1元换购配饰"的优惠。这些策略都有效地利用了比例偏见效应，让客户感受到更大的优惠力度，从而促成交易。

场景:

假设你是一家家具店的销售员，客户对一款价值 5000 元的高档沙发很感兴趣，但觉得价格稍高，犹豫不决是否要购买。这时，你可以运用比例偏见效应中的"加 1 元"策略来促单。

⊗ **普通话术:**

销售员："这款沙发原价是 5500 元，打折后只需要 5000 元，已经是非常优惠的价格了。"

⊘ **销冠话术:**

销冠："您真有眼光，这款沙发是我们店里的热销产品。原本售价是 5500 元，但现在有个特别的促销活动，您只需要再加 1 元，就可以获得一个价值 500 元的定制靠垫。这样一来，您不仅享受到了沙发的折扣价，还能得到一个高品质的靠垫，真的是非常划算。"

通过这种话术，客户会感受到自己用极小的代价（加 1 元）换取了较大的价值（500 元的定制靠垫），这种**"倍率感"**会让他们觉得这次购买更加物超所值。同时，这也降低了客户对沙发价格的敏感度，更容易促成交易。

逼单话术：为什么"再不买就涨价了"不好用？

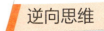

逆向思维

在销售过程中，我们通常会运用一些小策略，例如，"逼单"促使客户做出决定，完成销售流程。

那么在逼单过程中，你是不是这样说的：

"再不买马上就涨价了。"

"再不买优惠就没了。"

"再不买活动就结束了。"

"再不买就没有赠品了。"

"再不买就没有名额了。"

讲来讲去，其实就是在逼迫客户，威胁客户。

威胁和逼迫客户有用吗？当然有用。但是，如果客户因此买单，总会有点不舒服。所以，销售员要学会委婉地"威胁"客户，这个时候就需要利用心理学上的**逆向思维**。逆向思维，也称为反向思维，是一种突破常规、从相反或对立的角度去思考和解决问题的思维方式。

⊗ **普通话术：**

销售员："王总，我们的优惠三天后就结束了，要是再不定下来，就没有这个价了。"

⊘ **销冠话术：**

销冠："王哥，于公来说，我肯定希望您跟我们公司都能抓住这次机会好好合作，我也不希望您错过这么大的优惠力度和这么低的价格！于私来说，我为什么会表现得有点着急，因为我知道，如果这个时候，我不抓紧让您做决定的话，等到活动结束后，除非您愿意换产品，不然您这个客户我肯定签不到了！您想，过几天您再想买，发现这个优惠就没有了，您心里面会舒服吗？很多客户等到最后宁愿买个不合适的，也不愿意多花钱去买我们恢复价格后的产品。我以前真的因为这个，错过了好多客户！客户也都觉得遗憾，因为他们总觉得这个价格随时都有。所以我今天的着急可能会让您有点不舒服，但您要相信，我的私心是不想错过您这么优质的客户，同时，我也真的不希望您错过这么好的价格！"

从上面的案例中可以看出，普通话术往往直接告诉客户"您再不买就涨价了"或"优惠即将结束"，这种方式容易让客户感到压力和反感。而逆向思维则从客户的角度出发，构建一种让客户自己意识到购买紧迫性的场景，从而更自然地引导客户下单。

要掌握逆向思维话术精髓，需要注意以下几点：

1. 构建遗憾场景。

销售员："您再不决定，优惠就没了。"

销冠："您知道吗，很多客户在活动结束后都后悔没有抓住机会，我不想让您也有这样的遗憾。"

通过这种方式，销售员不是直接威逼客户，而是帮助客户预见到未来可能因错过优惠而产生遗憾，从而激发客户的购买欲望。

2. 强调长远价值。

销售员："现在买最划算，以后就要涨价了。"

销冠："虽然现在的投资可能稍微高一点，但长期来看，您将享受到的品质和服务是完全值得的。"

这种方法侧重于向客户展示产品的长远价值和性价比，而不仅仅是强调短期的价格波动。

3. 转换焦点。

销售员："这个优惠很难得，您不要错过了。"

销冠："选择我们，您不仅是在购买一个产品，更是在选择一种更优质的生活方式。"

将客户的注意力从价格转移到产品带来的整体价值和体验上。

构建遗憾场景 ＋ 强调长远价值 ＋ 转换焦点

可以看出，逆向思维在销售逼单中的应用旨在打破传统的话术框架，以更加灵活和富有创意的方式与客户沟通。通过构建遗憾场景、强调长远价值、转换焦点等方法，销售员能够更有效地引导客户做出购买决策，同时提升客户的体验感和满意度。

169

佛系销售促单话术

现在的客户都是自我意识很强的一代，很多时候，狼性销售员的说服话术，反而会被他们看成欺骗的套路。而当我们用一种佛系的态度，利用温柔的力量对待客户，反而让交易更有效果，我们先来看看销冠的这几段话术：

第一段：王哥，我们老板常说被逼死的客户，不是意向客户！但我真的舍不得把您逼走！因为我知道您最讨厌那些天天逼着您做决定的销售人员，您要定的时候，谁也挡不住，您要是没想好，谁说也没用！所以我就想关心一下，您现在采购的进度到了哪一步，还有什么我可以做的不？

第二段：王哥，您刚一走，我们老板和同事就笑我，说我听不懂客户的意思，客户说考虑考虑，其实就是不想要了。但我不信，我还是自信地觉得您对我们的产品很感兴趣，只是买之前，大家都习惯性再多看看，多比比。所以我想确认下我的直觉，您对我们的产品是有什么担心吗？有没有我讲得不够清楚的地方，需不需要我再给您讲一遍？

第三段：王哥，给您发了三条信息，都没收到您的回复，我难免会多想，您是不是不考虑了？还是您怕让我失望，就一直没跟我说。如果您真的不考虑了，您直接跟我说，能被您照顾到感受，这本身就是您对我最大的认可！

在这几段话中，我们能看到，销售员句句没有说销售，却句句也在说销售，利用**"温柔的力量"**，用循循善诱的话语和那种签不签单都很稳定的情绪，反而越来越能被客户所接受。

那么，被佛系销售员使用最多的"温柔的力量"，这样的话术有哪些好处呢？

第一，提高客户满意度。

通过同理心和尊重客户的选择自由，销售员能够与客户建立更紧密的关系，从而提高客户满意度。

第二，增强信任感。

通过真诚的沟通和关怀，销售员能够赢得客户的信任，这对于销售成功至关重要。

第三，减少客户压力。

与传统的"狼性销售"相比，"佛系销售"更注重客户的感受和需求，减少了客户的心理压力和反感情绪。

第四，提高销售效率。

虽然"佛系销售"看似不那么积极主动，但实际上，通过温柔的力量和真诚的沟通，销售员能够更准确地把握客户的需求，从而提高销售效率。

因此，当我们使用"温柔的力量"话术时要注意以下几点：

首先，强调尊重和理解。例如，"我知道您最讨厌那些天天逼着您做决定的销售员"，这样的话术体现了销售员对客户的理解和尊重，同时也展现了销售员的自信和从容。这种态度能够降低客户的防备心理，提高沟通效果。

其次，注重同理心和关怀。"您对我们的产品是有什么担心吗？有没有我讲得不够清楚的地方？"通过询问客户的感受和疑虑，销售员能够更准确地把握客户的需求和痛点，进而提供更具针对性的解决方案。

最后，强调真诚和坦率。"如果您真的不考虑了，您直接跟我说，能被您照顾到感受，这本身就是您对我最大的认可。"这样的话术不仅体现了销售员的真诚和坦率，还表达了销售员对客户感受的关注和尊重。这种态度能够增强客户的信任感，为后续的合作奠定基础。

对于销售员来说，掌握"温柔的力量"话术不仅是一种技能的提升，更是一种思维方式的转变。它要求销售员从客户的角度出发，关注客户的需求和感受，以真诚和尊重赢得客户的信任和满意。这种销售方式不仅有助于提升销售业绩，更能够建立起长期稳定的客户关系，为企业的持续发展奠定坚实基础。

第九章

售后处理

在销售的世界里，每一次成交都不是终点，而是新关系的起点。当产品从展示架转移到客户手中时，真正的挑战才刚刚开始——售后服务。如何处理客户的售后问题？如何巧妙运用话术来维护这段新生的关系？

　　让我们一起来深入探讨售后沟通的艺术，从处理投诉到退货请求，再到如何通过细致入微的服务打造二次销售契机，看看如何用一句话平息客户的怒火，以及如何通过维护客户话术指南，巩固并深化我们与客户的关系，掌握售后服务的艺术，开启销售的新篇章。

如何有效处理
客户的售后问题?

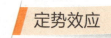 定势效应

在销售成功后,合作并没有结束,很多时候,我们还面临着售后问题。然而正是这些看似棘手的问题,为销售员提供了一个展现其专业能力和服务水平的机会,尤其是一些销冠,他们通过有效处理客户的售后问题,开启了更多的销售空间。那么他们是如何做到的呢?运用的就是心理学中的**定势效应**。

定势效应,又称为固定思维或认知偏差,是指人们在面对新情境时,往往基于以往的经验和既定印象来对事物进行评估和决策,从而忽视了客观情况的变化和差异。这种心理现象会导致人们无法灵活地适应环境,甚至可能产生负面影响。

在售后服务中,定势效应主要表现为客户可能会根据以往的购买或服务经验,对企业或产品形成某种固定的印象,当产品出现问题需要售后服务时,这种印象往往是负面的,这时如果销售员不能很好地打破定势效应,就很难让客户有一次满意的售后体验。

案例背景:

客户购买了一款新型智能手机,但使用不久后发现手机屏幕出现了闪烁的问题,客户非常生气,认为手机质量太差。

⊗ 普通话术:

销售员:"您好,很抱歉让您有了不好的产品体验。不过,这款手机在我们出货前经过了严格检测,通常不会有质量问题。闪烁问题可能是由于您下载了一些不兼容的应用程序或者系统更新导致的。您可以尝试恢复出厂设置或者卸载最近安装的应用看看。"

　　上面案例中,客户会满意哪种解决方案一目了然。销冠破除定势效应做的三个动作是**"倾听 + 判断 + 方案"**。简化结构为**"L+J+S"**。

L+J+S =

L(Listen)倾听: 认真倾听客户的描述和诉求

＋

J(Judge)判断: 对问题进行准确判断

＋

S(Solution)方案: 提出一个有效的解决方案

　　以上案例,通过倾听,销售员可以准确地把握客户的问题和需求,为后续的判断和制定解决方案提供准确的信息。同时,在倾听客户的问题后,销售员需要对问题进行初步判断,这包括识别问题的性质、原因和严重程度。询问客户是否尝试过简单的故障排除方法(如重启手机或更新系统),进一步了解问题,并做出准确判断。这种判断有助于销售员确定下一步的行动方案。最后,基于对客户问题的准确判断,销售员提出一个有效的解决方案。不仅给出具体的操作建议,还承诺立即联系技术支持团队,为客户提供进一步的帮助。这种积极主动的态度和具体的解决方案能够增强客户对销售员和品牌的信任感,提高客户满意度。

成交后的"一三七黄金法则"话术

在销售行业中，成交并非终点，而是一个新的开始。为了稳固初步建立的客户关系，并进一步探索潜在的销售机会，**一三七黄金法则**成了销售员必须熟练掌握的策略。

"一"代表售出产品后的第一天。在这个阶段，销售员应主动、迅速地与客户取得联系，这不仅是对客户尊重与关心的体现，更是为后续销售奠定良好基础的关键。在沟通时，首要任务是确认客户是否已经开始使用所购买的产品。若客户已开始体验，销售员应**以温和而关怀的语气询问其使用感受，适时地给予肯定和称赞**，以增强客户的满足感和成就感。若客户尚未开始使用，销售员则可以根据情况，选择是否了解背后的原因，或者客户存在某些疑虑或误解，这时便需要耐心解答，消除其顾虑。

"三"是指在产品售出三天后再次跟进。通常情况下，客户在这段时间内已经对产品有了一定的了解和体验。销售员应通过电话或其他通信方式，主动询问客户在使用过程中的感受和问题。这一阶段的沟通更为深入，销售员需要**扮演好顾问的角色，针对客户遇到的困惑和难题，提供专业的分析和解决方案**。这样不仅能够增强客户对产品的信心，还能进一步提升销售员在客户心目中的专业形象。

到了"七"这个节点，即产品售出七天后，销售员应进行更为细致的回访。此时，如果销售员对客户的使用情况和反馈置之不理，那么将错失深入了解客户需求和进一步巩固关系的良机。销售员可以选择在这个时间点**进行面对面的拜访**，甚至可以携带另一款相关产品进行展示。在会面过程中，销售员应**以热情和赞赏的态度对客户进行肯定，细心观察客户使用产品后的变化，并真诚地询问其感受**。若客户对之前购买的产品满意度高，销售员便可顺势推荐其他相关产品，此时成功销售的可能性将大大提升。

销售员要理解一三七黄金法则的精髓，并在实际工作中加以应用。使用这一法则要格外注意以下几点：

在"一"的阶段，即售出产品后的第一天，销售员与客户的沟通应注重建立亲切感和信任。

到了**"三"的阶段**，在沟通时，要表现出对客户的关注和耐心，主动询问客户在使用过程中遇到的问题，并提供专业的解答和建议。

在"七"的阶段，销售员与客户的沟通应更加细致和全面。此时，可以邀请客户进行面对面交流，以便更好地观察客户的使用情况和反馈。

无论如何，保持与客户的定期沟通是至关重要的，这不仅仅是为了销售，更是为了建立长期、稳固的客户关系。通过持续的关怀与专业的服务，销售员能够与客户建立起深厚的信任关系，从而为企业创造更大的价值。

处理客户投诉，
一句话就够了

霍桑效应

在产品的售后环节，经常会收到客户的投诉，如何妥善处理，成为销售员面临的关键挑战。处理得好，皆大欢喜；处理得不好，产品被退回，客户也因此对产品甚至对店铺或者厂商失去信心，不会有回购的可能。那么如何妥善处理呢？我们需要运用心理学中的**霍桑效应**。

霍桑效应是一种心理学原理，指的是当人们意识到自己正在被关注或观察时，会刻意去改变自己的一些行为或表达方式。在处理客户的退货要求时，可以运用这一原理，关注客户的情感体验，让客户感受到被重视和尊重，从而提升客户的满意度。

这个话术的核心概念就是：**您看怎么做才能让您满意，那么我就如何做。**

这是一种非常有效的处理客户投诉的方式，当销售员向客户使用这一方式时，客户会有一种被尊重的感觉，客户会感受到自己在双方的交流中处于主动地位，这会使客户的怒气或抱怨减少一些，使双方的交流更加通畅。

> ✓ **销冠话术：**
>
> 销冠："非常抱歉听到您在使用我们的产品时遇到了问题，请您相信，我们会全力以赴解决您的问题。为了更好地了解您的困扰，能否请您详细描述一下产品出现的具体问题，同时，我也想知道您期望我们如何解决这个问题，以便我们提供最符合您期望的解决方案。"

接下来，要认真聆听客户的反馈，并做好详细记录。这不仅是为了收集信息，更是为了让客户感受到他们的声音有被听到和重视。在倾听的过程中，要记得用缓慢的语速和客户沟通，以降低客户的激动情绪。

然后，耐心询问客户的意见和建议。这一步是解决问题的关键，因为只有了解了客户的需求和期望，才能提供针对性的解决方案，这也是霍桑效应的体现，因为客户在提出自己的意见和建议时，会感受到自己的参与度和影响力。

最后，根据客户的意见和建议提出一个具体的解决方案，并征询客户的意见："您看这样做是否满意？"如果客户对解决方案表示认可，就可以立即付诸实施；如果客户还有其他要求或建议，就进一步与客户协商，直到找到一个双方都能接受的解决方案。

切记，使用这一话术时要遵循如下原则：

语气要真诚；

时机要恰当；

结合实际情况；

记录并反馈。

销售员要确保自己的语气是真诚的，不要让客户感觉到敷衍或虚伪。在客户表达完不满后，使用这一话术，可以让客户感觉到被重视和关注；在询问客户的期望时，销售员要结合实际情况给出建议，不要让客户觉得是在空洞地询问；销售员要详细记录客户的反馈，并在后续的服务中进行改进，确保客户的建议得到真正落实。

产品质量问题，
客户要求退货，怎么回应？ | 承诺与一致原理

在产品销售过程中，尽管我们始终致力于提供高品质的商品，但偶尔也会出现有质量问题的商品。客户因此提出退货要求，这既是对我们产品质量的严峻考验，也是对销售员应变能力和服务态度的挑战。那么，面对客户的退货请求，我们应该如何回应才能既保障客户的权益，又维护公司的形象呢？我们需要运用心理学中的**承诺与一致原理**。

这一原理指出，**人们倾向于维护自己先前的承诺，以保持自我形象的一致性**。因此，在销售员给予客户明确的问题处理期限和预期结果时，他们实际上是在引导客户形成一个心理预期，并激发客户对销售员的承诺的维护心理，从而建立起客户对销售员的信任。

在客户因产品质量问题情绪激动时，销售员首先应当稳定客户的情绪。在情绪平稳的基础上，销售员才能与客户进行有效沟通。此时，销售员可以运用同理心，理解客户的困扰和不满，并通过温和而坚定的语气表达对客户问题的重视和解决问题的决心。

为了进一步增强客户的信心和满意度，销售员可以运用承诺与一致原理，给出一个明确的问题处理期限和预期结果。这样做相当于给客户一个明确的期望，使客户感到他们的问题正在被积极地解决。

✓ **销冠话术：**

销冠："杨先生，我非常理解您现在的困扰，也真诚地希望能够为您解决这个问题。我们承诺会在一周内对您的问题进行深入调查，并给出明确的解决方案。在此期间，我们会与您保持密切沟通，及时向您反馈进展情况。您看这样可以吗？"

在做出承诺时，销售员必须谨慎行事，确保所承诺的内容是可实现

的。如果问题复杂或特殊，无法立即给出明确答案，销售员应诚实地告诉客户，并约定一个回复的时间。这样做既体现了销售员的专业性和责任感，也避免了因无法兑现承诺而导致的信任危机。

因此，承诺与一致原理的话术结构为**"具体承诺 + 随时沟通"**，我们可以简化为**"SC+CC"**。

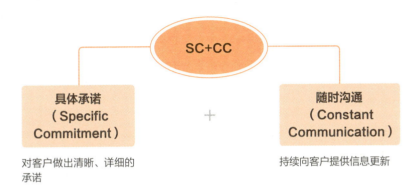

在产品出现质量问题，客户要求退货的情境中，具体承诺可能包括在特定时间范围内提供更换、修理或退款等解决方案。这一承诺应该是明确、不含糊且可实现的，以确保客户满意度并维护客户信任。

而随时沟通强调的是在解决问题的过程中持续向客户提供信息更新的重要性。无论是关于退货请求的进展、更换或退款的状况，还是任何其他相关信息，持续更新都是至关重要的，有助于保持透明度并建立信任，确保客户了解到他们的问题正在得到解决，并且他们的满意度是首要考虑的因素。

重视售后，
打造二次销售契机

 "ADD" 沟通法

卓越的售后服务是巩固客户忠诚度的关键，更是为二次合作铺设的桥梁。那些只顾眼前利益、忽视客户反馈的销售者，终将失去与老客户更深度合作的机会。

因此，想要成为销售行业的佼佼者，那就必须深刻理解持续服务的重要性。快速响应客户的反馈，耐心为客户排忧解难，这样才能在长期的服务中与客户建立深厚的情感纽带，为未来的持续合作奠定基石。

赵明在电子产品销售公司买了一台笔记本电脑，但没用多久，电脑就总出现故障。赵明带着电脑回到店里，找销售人员李晓帮忙解决。李晓先详细问了赵明的电脑具体出了什么问题，然后耐心地给他解释可能的原因，并马上联系了技术部门。在等待的过程中，李晓还跟赵明聊起了电脑的使用习惯和日常维护，这让他不仅放松了因为电脑问题而紧张的心情，还学到了很多实用的使用技巧。

技术部门很快就给出了解决方案，李晓也亲自帮赵明更新了软件并检测了硬件。问题解决后，李晓还关心地问赵明有没有其他电子产品需求，并详细介绍了店里的新品和优惠。

几周后，赵明的公司需要买一批新的电子设备，他毫不犹豫地选择了再次和李晓合作。

从上述案例中我们可以看到，及时响应客户的反馈并提供周到的服务，是建立长期客户关系的关键。在处理客户问题时，销售员应注意以下几点：

一、积极面对客户的反馈

销售员应将客户的反馈视为提升服务和改进产品的宝贵机会，而不是麻烦。用积极和专业的态度去解决问题，能够显著提升客户的满意度。

二、提供全面细致的服务

在处理客户问题时，销售员应尽可能提供全面的解决方案，并关注客户的实际需求。细致的关怀和专业的指导能够让客户感受到销售员的专业性和责任心。

三、主动沟通，深化合作

问题解决后，销售员应主动与客户保持联系，询问是否有其他需求或建议。通过持续的沟通和优质的服务，销售员不仅能够巩固与客户的合作关系，还能在交流中发掘新的商机。

因此，我们可以总结出，要想做好售后服务并为二次销售埋下伏笔，需要运用这样的话术格式：积极反馈 + 细致服务 + 深化沟通，我们可以简称为"ADD"沟通法。

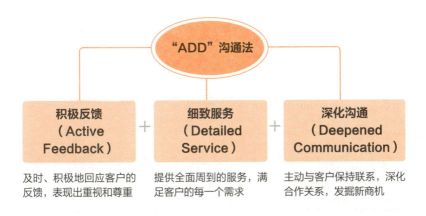

这三个步骤是相辅相成、缺一不可的，没有积极反馈和细致服务的铺垫，后面再怎么沟通，也很难让客户信任你，客户的每一次售后问题，都是在提供深化合作的机会。只有真诚地回应客户的每一个反馈，才能在激烈的市场竞争中脱颖而出，赢得客户的长期信任和合作。

客户因对产品使用有误解而产生售后问题，如何回应？

巧用"是我的问题"

在处理售后问题时，销售员可能会遇到客户因为对产品或服务理解不准确而产生的售后问题，对此，一种常见的错误做法是直接告诉客户"您搞错了"，这种直接否定客户感受的方式往往会加剧客户的不满和抵触情绪，使问题变得更加棘手。

更加明智和有效的应对方式是，将过错揽到销售员自己的身上，用"可能是我没说清楚"这样的表述来代替"您搞错了"。

某日，客户李女士打来电话，反映她购买的智能门锁出现了问题。

李女士："我买的智能门锁怎么突然打不开了？我按照说明书操作了，但就是不行。你们的产品质量太差了！"

❌ **普通话术：**
销售员："您操作有误吧？"

✅ **销冠话术：**
销冠："李女士，非常抱歉让您有了不好的体验。可能是我没说清楚，智能门锁无法打开有多种原因。为了更好地帮助您解决问题，我想问一下，门锁的电量是否充足，指纹识别或密码输入是否正确呢。当然，也有可能是门锁的某些设置出现了偏差。不过，请放心，我会尽快安排技术人员去您的住所进行检查和调试。"

李女士："密码当然没问题了，输入很多次了，现在就是门锁有问题，你们得负责解决！"

销冠："我完全理解您的焦虑和不满。为了确保问题得到迅速解决，我会立刻联系我们的技术支持团队，让他们尽快与您联系并安排上门服务。同时，为了表达我们的歉意，我们将为您提供一次免费的家居安全检查服务，确保您的家居安全无忧。您看这样处理可以吗？"

李女士："那好吧，你们尽快派人过来看看吧。"

在上述对话中，我们可以看到销冠在面对客户李女士的投诉时，用**"可能是我没说清楚"**这句话开启了与客户的沟通，直到完美解决问题，那么这句话究竟有哪些魔力呢？

缓解紧张气氛：客户因为产品使用问题而感到困惑或不满时，这句话可以缓和紧张的气氛，使客户感到被理解和尊重。

转移责任焦点：通过主动承担责任，避免直接指责客户，从而减少冲突和误解。

建立信任：展示销售员的同理心和解决问题的积极态度，有助于建立与客户之间的信任关系。

为后续沟通铺平道路：当销售员表现出愿意承担责任并解决问题的态度时，客户才可能保持开放心态，与销售员继续沟通，共同寻找解决方案。

因此，当我们遇到客户对产品使用有误解而产生售后问题时，不妨拿出"可能是我没说清楚"这句话，不去直接否定客户的操作，而是用非常专业和贴心的回应方式，主动提出帮助客户解决问题的方案，以积极、主动的态度去解决问题。同时，通过提供一些额外的服务或优惠来弥补客户的损失，以表达歉意和诚意，从而赢得客户的信任和满意。

客户收到产品后说"不满意"，如何回应？

客户收到产品后，你满心欢喜地等待客户给你一个好评，却发现客户反馈的是对产品不满意，其间还夹带着怨气和不满，又或许客户会直接攻击，"我那么相信你，你就给我这样的产品？"

这时我们的第一感受是什么呢？委屈、愤怒？马上辩解道，"这是你自己选的产品啊，我给你推荐过别的款式"等，客户根本不买账。

客户在收到产品后，直接说"不满意"，却没有特别具体的不满意细节，我们或许应该意识到，客户对产品的不满意可能有什么隐藏的原因，在这种情况下，销售员若过于强调商品无瑕疵，并不能真正解决问题。

这时候，我们需要做的第一件事就是**倾听、接纳**，接纳客户的所有不满。这时候客户表现出来的情绪在心理学中被称为**替代性攻击**。替代性攻击指的是当个体遇到挫折或不满，有时会找一个相对较弱或更容易攻击的目标来发泄情绪，而不是直接对根源攻击。

这时，让客户感受到被倾听、被理解至关重要。有时候，客户其实知道，并不一定是销售员或者产品的错，但是他找到一个可以责备的人，就会感觉坏心情被分担，而销售员恰恰是那个人。

当我们能够理解和掌握这个心理学中的概念，对于如何回应客户的不满意也就有了答案。这个话术结构为**"倾听 + 理解 + 方案"**，简化为**"L+U+S"**。

当客户收到产品后表示"不满意"时，有可能是客户对产品本身不满意的同时，还将其他生活压力或情绪投射到这次购物体验上。因此，我们要借用"L+U+S"话术来解决。

倾听(Listen): 当客户表达不满时,销售员首先要做的是耐心倾听。不要急于打断或辩解，而是让客户充分表达自己的感受和想法。

通过倾听，销售员可以更好地舒缓客户的情绪和理解客户的需求，为后续的沟通打下基础。

理解（Understand）: 在倾听的基础上，销售员需要进一步了解客户的不满和期望。这可以通过提问和确认来实现，例如，询问客户对产品的具体不满是什么，他们期望得到怎样的解决方案，等等。

理解阶段的目标是建立共鸣和信任，让客户感受到销售员真正关心他们的问题，并愿意提供帮助。

方案（Solution）: 在充分了解客户的问题和期望后，销售员需要提出一个或多个解决方案。这些方案应该旨在满足客户的合理需求，同时考虑到公司的政策和资源限制。

提出的方案应该是具体的、可操作的，并且明确说明实施步骤和预期结果。这有助于增强客户的信心和满意度。

在整个过程中，销售员需要保持冷静和专业，避免与客户产生冲突或误解。通过采用**"倾听 + 理解 + 方案"**的策略，销售员不仅可以有效解决客户的不满，还能建立起长期的信任和合作关系。

此外，了解心理学上的"替代性攻击"概念对于销售员来说也非常有帮助。当客户表现出不满或攻击性时，销售员可以意识到这可能是客户在转移其他方面的压力和情绪。这种理解有助于销售员保持冷静和同理心，从而更好地应对客户的不满和情绪。

维护客户的短信怎么发？

在我国，一些重要的节日，如春节、端午、中秋等，这些节日是商务关系得以维系和增强的特殊时刻。在这些节点，发送祝福短信成了传递心意和关怀的常见方式。然而，如何让祝福短信既具有情感深度又能留下深刻印象，是很重要的问题。

一、避免群发，让祝福更具个性
群发短信往往缺乏针对性和真诚感，很容易被视为骚扰。因此，我们在发送祝福短信时，应该尽量避免群发，并且针对每个收件人，写上他们的名字或称呼，让祝福更具个性化和真挚感。

张总，新春快乐！祝您事业有成，家庭幸福！

李姐，过年好！希望新的一年，您身体健康，万事如意！

二、避免模板，让祝福更真诚
使用模板化的祝福短信虽然省时省力，但往往缺乏真诚和温度。我们应该尝试自己编写短信内容，结合对方的职业、性格和兴趣，用真诚的语言表达祝福和关怀。

王老师，春节将至，想起您在课堂上的风采，深感敬佩。祝您新年快乐，桃李满天下！

赵医生，您辛苦了！祝您春节快乐，身体健康，工作顺利！

三、选择合适的发送时间，让祝福更贴心
发送祝福短信的时间也很重要。避免在高峰期发送，以免被忽略或错过。我们可以选择在大年三十晚上或正月初一早晨发送，这样既能表达我们的祝福，又能让对方感受到我们的关心。

大年三十晚上，发送一条温馨的祝福短信，提前祝对方新年快乐。

初一早晨，发送一条祝福短信，表达对新年的美好祝愿。

四、常用话术分享

1. 幽默式祝福

对于潜在客户或关系较好的朋友，我们可以尝试使用幽默式的祝福，既能表达祝福，又能增加互动和趣味性。

示例：王总，新春快乐！听说财神爷今年特别眷顾您，记得分我点红包哦！

2. 真诚式祝福

对于长期合作的客户或重要的合作伙伴，我们应该使用更加真诚和正式的祝福方式，表达对他们的感激和祝福。

示例：张总，感谢您一直以来的支持和信任。祝您新春快乐，事业更上一层楼！

3. 感谢式祝福

对于新成交的客户或刚刚建立合作关系的伙伴，我们可以通过感谢式的祝福，表达对他们的感激和期待。

示例：郭总，非常荣幸今年能与您合作！祝您新春快乐，期待未来能有更多的合作机会。

祝福短信不仅是一种礼仪和传统，更是一种情感的传递和关系的维护。通过避免群发、避免模板、选择合适的发送时间和使用真诚的话语，我们可以让祝福短信更加具有温度和价值。

如何维护好客户的话术指南

在销售领域，客户的售后维护是一个至关重要的环节。然而，许多销售员可能只是零散地进行服务，如升职时送小礼物，或时不时微信问候一番，这种散点式的服务往往难以取得稳定的效果。那么，如何系统性地用话术维护好客户呢？

我们要明确一点：客户维护不仅仅是送礼物或偶尔的问候，它涉及客户购买前、中、后的整个体验链条。要有条理、有章法地去维护这个链条，才能实现稳定的成交。

我们可以把客户的体验分为三个阶段：

第一阶段，满足客户期待。

第二阶段，超出客户期待。

第三阶段，让客户感动。

一、满足客户期待

满足客户期待是任何销售行业中客户维护的基石。为此，我们需要执行一系列的服务动作，这些动作并非高深莫测的，而是作为一个合格销售代表的基本职责。具体包括：

1. 专业的产品推荐

不要只是简单地推销产品，而是要深入了解客户的需求和偏好，通过专业的产品推荐，提供真正符合客户需求的产品。这需要销售代表具备丰富的产品知识和敏锐的市场洞察力。

2. 定期的产品更新提醒

定期向客户介绍新的产品或产品升级信息，让他们了解市场的最新动态，同时为他们提供更多的选择。

3. 产品使用回访

定期对购买产品的客户进行回访，确保客户对产品的使用感到满意，同时发现潜在的新需求，为后续的销售创造机会。

4. 及时的售后服务

在产品出现问题或客户有疑问时，要做到迅速响应，提供专业的售后服务，解决客户的问题。

5. 高效的退换货服务

如果客户对产品不满意或产品存在质量问题，要提供便捷的退换货服务，确保客户的权益得到保障。

6. 关注客户的动态

当客户在社交媒体上分享生活点滴时，可以适时地留言互动，表达关心，这不仅能增进与客户的关系，还可能发现新的销售机会。

7. 节日祝福和特殊礼物

在重要的节日和客户的生日时发送祝福和赠送礼物，增加情感联系。礼物的选择要恰到好处，既不过于昂贵，也不失体面。

8. 定期维护社交媒体关系

通过定期在社交媒体上发布有价值的内容、回复评论和私信等方式来保持与客户的联系。这不仅可以扩大品牌影响力，还能吸引更多的潜在客户。

通过这些系统性的客户维护策略，销售员可以更好地满足客户的期待，提高客户满意度和忠诚度，从而实现持续的销售增长。

二、超出客户期待

在满足客户基本需求的基础上，我们可以做得更多，以超出客户的期待。以旅游行业为例，我们可以主动提供额外的旅游咨询服务，如定制个性化旅行路线、分享独特的旅游目的地信息等。此外，我们还可以定期向客户推送旅游小贴士、景点推荐和旅行安全知识等内容，让客户感受到我们的专业性和贴心服务。通过这些额外的举措，我们不仅能够增强与客户的联系，还能树立行业专家的形象，进一步提升客户的满意度和忠诚度。

三、让客户感动

最高级别的客户维护是让客户感动。这需要我们深入了解客户的需求和喜好，提供个性化的服务和关怀。例如，为客户策划特别的生日惊喜、在客户遇到困难时主动提供帮助等。

通过对客户维护，我们可以实现持续获客、批量获客并节省成本。记住，**你在维护客户上花的时间，决定了你的成交量。**遵循这份精心准备的指南，巧妙地运用话术，去系统地维护和深化你与客户的关系，使业务得到源源不断的增长。

第十章

销售拓客

销售，不仅是一门艺术，更是一场智慧的较量。在这个充满挑战与机遇的战场上，如何销售拓客，将潜在客户转化为忠实粉丝，是每一位销售人员都需要掌握的技巧。当客户抛出"效果好的话，我帮你推荐"的橄榄枝时，你是否明白背后暗藏的含义？在请求客户转发朋友圈时，你能否运用"门面效应"让客户欣然应允，将你的产品推向更广阔的天地？而面对老客户时，你又如何激发他们的"移情效应"，让他们愿意为你介绍新客户？

当然，销售的舞台并非仅限于此。在合作中，如何运用"互惠法则"打破行业壁垒，让对方心甘情愿地为你带来源源不断的新客户？一场精彩的销售演讲又该如何设计，才能吸引听众的注意，激发他们的购买欲望？此外，"大人物"的影响力又该如何巧妙利用，以实现更高效的拓客？接下来，我们将一一探讨这些销售拓客话术与策略，让你在销售的道路上更加游刃有余，业绩飙升。

客户说"效果好的话，我帮你推荐"，如何回应？

利益交换策略

在销售过程中，有些客户会说："要是效果好的话，我会向朋友推荐你们的产品。"对于经验尚浅的销售员来说，他们或许会轻易接受这一表态，心怀感激。然而，实质上，这常常是客户在签单后对于服务品质的潜在担忧，他们试图通过提出可能介绍新客户的承诺来确保自身能够享受到优质的服务。

例如：

"嘿，要是你们能给我弄个时尚的发型，我肯定向我的朋友推荐你们！"

"我想先试试你们的这个产品，要是真的好用，那我肯定给你们拉来新客户。"

"你们要是铺的地板让我看着舒服，用着也舒服，那我一定跟我的朋友说你们的产品好！"

这些话语表面看是在为销售员介绍新客户，其实背后的真实意图并非真的承诺介绍新客户，而是在试探和确保服务的质量。客户试图用这种方式来影响服务提供者的态度，以确保自己的利益得到最大化的满足，这是一种典型的**利益交换策略**。

利益交换策略是指在利益冲突或交易过程中，各方通过提出或接受条件来影响对方的决策，以达到自身利益的最大化。当你洞察到客户说"如果体验好，我会推荐你们"这句话的真正含义后，你的首要任务是**打消客户的顾虑，并进一步引导他们进行真正的推荐**。

当客户提到"如果体验好，我会推荐你们"时，你可以采用**"宽慰+激励"**的组合方法来应对，我们简化为**"R+I法"**。

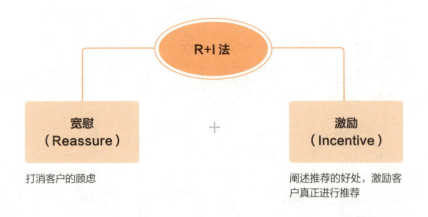

R+I 法

宽慰
（Reassure）

打消客户的顾虑

＋

激励
（Incentive）

阐述推荐的好处，激励客
户真正进行推荐

客户："如果服务周到，我会为你们推荐新客户。"

⊗ **普通话术：**

销售员："那真是太好了，非常感谢您。"

⊘ **销冠话术：**

销冠："您完全可以信赖我们的服务，我们承诺为每一位客户提供
始终如一的高品质服务。而且作为我们的尊贵客户，如果您还能为我
们推荐新客户，我们将为您提供额外的优惠和专属服务。"

　　通过"您完全可以信赖我们的服务，我们承诺为每一位客户提供始
终如一的高品质服务"这样的表述来打消客户的顾虑。这既是对客户担
忧的直接回应，也是对自家服务品质的自信展示。这样做可以有效地让
客户感到安心，并建立对销售员的信任。

　　接下来并没有止步于简单的感谢或接受客户的推荐承诺，而是进一
步通过"而且作为我们的尊贵客户，如果您还能为我们推荐新客户，我
们将为您提供额外的优惠和专属服务"这样的表述来激励客户真正进行
推荐。他明确地向客户阐述了推荐新客户所能带来的实际好处，不仅增
加了客户推荐的动力，也进一步巩固了与客户的关系。

如何要求客户转发
朋友圈，客户会非常乐意？

门面效应

你是一位销售员，客户刚刚满意地拿走了他们心仪的产品。现在，你希望他们能在朋友圈分享这份喜悦，以此吸引更多的潜在客户，并且你们为此还特别准备了一份小礼品作为激励。

然而，当你满怀期待地向客户提出这个建议时，却意外地遭到了客户的婉拒。明明销售过程中很愉快呀？这让你倍感困惑，为何如此诱人的提议会遭到冷遇呢？

⊗ **普通话术：**

销售员："您好，如果您能分享这次购买体验到朋友圈，我们将赠送您一份小礼品。"

客户："这恐怕不太方便。"

⊘ **销冠话术：**

销冠："您好，我们今天有个特别的活动。如果您能介绍一位新客户给我们，我们将赠送您一份小礼品。"

客户："这有点难呀，没有合适的人推荐。"

销冠："我完全理解，介绍新客户确实不是件容易的事，要不您这样，您把您的购买体验发个朋友圈，我也送您一份小礼品。"

客户："那行，好的，我现在就发。"

同样的一个请求，不同的话术取得的结果是不一样的，销冠的话术就在于他用了一种策略，这就是心理学上的**门面效应**。

门面效应是一种心理策略，也被称为留面子效应或先大后小法。它指的是先向对方提出一个较大的、通常会被拒绝的请求，在对方拒绝之后，再提出一个较小的、真正期望对方接受的请求。由于之前已经拒绝了较大的请求，因此对方往往会倾向于接受随后提出的较小请求。

　　在这个案例中，通过先提出一个相对较大的请求——介绍新客户，再过渡到较小的请求——分享朋友圈，不仅降低了客户的心理防线，还让他们感受到了你的诚意与灵活性。

　　使用门面效应的操作方法：先提出一个大的（Big）请求，在客户拒绝后，再提出一个小的（Small）请求。客户同意的这个小的请求就是你期望得到的结果。我们简化为"B+S 法"。

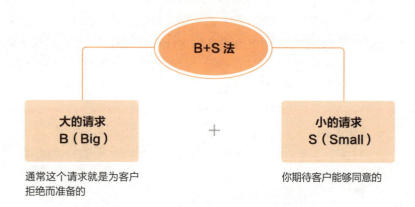

如何请老客户帮你介绍新客户？ 移情效应

在营销领域有一个广为人知的"250定律"，该定律由美国著名销售员乔·吉拉德所提出。它认为，每个客户通常都有大约250人的社交网络。当你赢得一个客户的青睐时，实际上你已经赢得了其社交网络中250人的潜在好感；相反，若你触怒了一个客户，便可能失去其整个社交网络的好感。

这一定律深刻地诠释了"客户至上"的经营理念。从这一视角出发，我们应将客户视为一座富饶的油田，而非仅仅是一桶石油。当我们能够激发客户自愿为我们引荐新客户时，便能够持续地开采这座油田中的丰富资源。

客户推荐作为一种高效的市场拓展手段，具有耗时短、转化率高及成本低廉等优点。然而，许多销售员对于如何恰当地请求客户推荐感到迷茫，他们往往期望能够一步到位，但这种急于求成的心态往往会引起客户的反感和抵触。事实上，我们应该摒弃这种不切实际的想法，转而运用心理学中的**移情效应**来逐步引导客户。

古人云："爱人者，兼其屋上之乌。"这句话即我们常说的"爱屋及乌"，它体现的正是一种移情效应。这种效应可以是由人对事物的喜爱延伸到与该事物相关的其他事物，或由对事物的喜爱转移到与该事物相关的人。比如，一些人会因为喜欢某个明星而对该明星代言的产品感兴趣并去购买。在销售过程中，客户也可能因为对某一产品或服务的喜爱而认可销售员。

如果我们能够巧妙利用移情效应来让客户进行转介绍，那么成功率就会大大增加。

我们来看这段话术的结构，分为认可 + 移情 + 激励三个步骤，我们可以简化为"REI 法"。

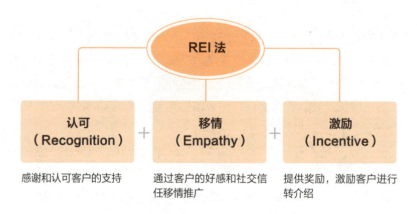

首先表达对客户的感谢和对其选择的认可，建立情感联系。"跟您合作真是我的荣幸，您太支持我的工作了。"在建立了良好的情感基础后，自然地提出转介绍的要求。"您身边还有同样需求的朋友吗？"利用移情效应，给出转介绍的理由，强调客户对产品或服务的好感和其朋友的信任。"您看您用着挺好，您的朋友又都信任您。"最后，为了增加客户转介绍的动力，可以提供一些额外的奖励或优惠。"转介绍咱们还有礼物送呢。"让客户主动为你介绍新的客户。

不同行业之间的合作，
如何让对方愿意给你带客户？

异业带单就是不同行业之间的合作带单，是一种能够让客户群体快速增长的策略，其核心在于不同行业间的品牌互相推荐客户，实现资源共享与共赢。以健身房与餐饮店为例，虽然它们提供的服务和产品截然不同，但客户群体却有潜在的交集，通过异业带单，可以挖掘这一交集，为双方带来新的商业机会。

然而，许多销售员在尝试与不同行业的合作伙伴建立关系时，常常因为方法不当而失败。他们往往过于直接地寻求合作，忽视了对方的利益和需求，这种索取的态度很容易引起对方的反感。要改变这种状况，关键是运用**互惠法则**。

互惠法则是一种社会心理学原则，它指出人们在社会交往中倾向于回报他人给予的好处或恩惠。简单来说，就是当别人给了我们某种好处或帮助时，我们会感到有义务去回报他们。用在销售中，我们可以通过给予异业合作方一些好处，以此来激发对方的合作意愿。

⊗ **普通话术：**
销售员："您好，我是附近健身房的，你们能帮我介绍一些客户吗？我也可以帮你们介绍。"

✓ **销冠话术：**
销冠："您好，我是附近健身房的。我们注意到很多人在健身后都会寻找健康的餐饮店。我觉得你们家的菜品健康又美味，非常适合我们的会员。我们可以合作推出一些健身餐，或者我们为你们的顾客提供健身优惠。你们有兴趣吗？"

我们来分析一下销冠的话术，根据互惠法则，首先我们想要获取他

人的助力，就要考虑我们能为对方带来何种价值。"将欲取之，必先予之"，真正的交易，不是简单的索取，而是价值的交换。当你为他人创造价值，满足他们的需求时，你的需求自然也会得到满足。

因此，我们可以使用**"舍得"**这个法则，也就是**先舍，后得**。

这个法则的精髓就是思维转换，把"我想要什么"转换为"对方要什么"，对方要的，我能不能满足，如果我能给对方提供他想要的，他自然就会答应我的要求。

再回到上面的案例，健身房的销售员首先关注了健身房会员在健身后的特定需求——寻找健康的餐饮店，这是对对方（餐饮店）潜在客户的精准定位；接着，他赞美了餐饮店的菜品，这既表达了对对方的尊重，也为接下来的合作打下良好的基础。

最重要的是，销售员提出了具体的合作方案——合作推出健身餐或者为餐饮店的顾客提供健身优惠。这些方案不仅满足了健身房会员的需求，也为餐饮店带来了新的商业机会，并且还会吸引一些在餐饮店就餐的顾客成为健身房的新会员。这种具体的、有针对性的互惠提议更容易激发对方的合作意愿。

由此可见，互惠法则就像我们内心的一个小闹钟，时刻提醒我们：别人帮了我，我得给予回报。就算是面对一个陌生人，只要我们稍微对他好一点，然后再提个小要求，他也多半不会拒绝。

如何进行
一场精彩的销售演讲？

很多销售员在进行拓客活动时，经常需要面对一些公众演讲场合，例如，产品推介会、解决方案展示、地域性研讨会和招商会议等。那么，如何才能打造一场引人入胜的销售演讲呢？重中之重就在于启动**"吸引力开关"**。

很多时候，客户从四面八方而来，多种原因使他们坐在这里，他们不可能全神贯注地聆听你的演讲，心思早就飘到了未完成的工作、孩子的课业等方面。因此，在开始销售演讲之前，必须启动"吸引力开关"——**为客户提供一个倾听你演讲的充分理由，并激发他们的好奇心和对你接下来演讲内容的期待。**

⊗ **普通话术：**
销售员："让我给各位介绍一款高效的厨房烹饪工具……"
⊘ **销冠话术：**
销冠："大家是否曾在烹饪时感到手忙脚乱，或者对烹饪过程的烦琐感到烦恼……"

在演讲的开场部分，关注并描述听众的情境和困扰，而不是以"我/我们/我公司"等第一人称开始，强行推销自己的观点或产品。优秀的销售员能够跳出"自我中心"的思维，他们能体会客户的情绪，指出客户的"痛点"，理解客户的需求。这种一开口就能抓住客户内心的表达方式被称为共情沟通。

共情是由人本主义心理学创始人卡尔·罗杰斯提出的，它指的是体验他人内心世界的能力。共情沟通则是指能够感知他人的情绪，并站在他们的角度来进行沟通，例如，"你看起来不太开心""你当时一定很难过"等。共情沟通有助于拉近人与人之间的距离，当听众接收到共情沟通的信号时，会本能地产生亲近感。

如果你想推广一款新型的电动汽车，首要任务不是急于展示汽车的技术规格或催促销售团队展开推销，也不是急于制定营销策略或广告计划，而是要唤起消费者对环保出行、节能减排理念的认同和对未来绿色生活方式的向往。同理，如果你想通过市场推广活动引导客户从使用传统燃油车转变为购买电动汽车，那么你需要做的不仅仅是宣传电动汽车的优势，更重要的是激发他们对电动汽车的兴趣和购买欲望，即创造一种购买的动机。

心理学研究显示，任何行动的驱动力都源自一个**"未被满足的需求"**。人们往往对现有的状态或物品保持着固定的习惯，例如，我们习惯每天喝同一品牌的咖啡，即便市场上出现了新的口味，我们也可能不会立即尝试。然而，当我们意识到自己的生活缺少某种新的体验或满足感时，我们就会寻求改变，尝试新的选择。为你的客户揭示并强调这种"未被满足的需求"，是推动他们尝试新产品或服务的关键。从神经科学的角度来看，这是为了激发大脑对新事物的渴望，填补现有的体验空缺，这种方法被称为**体验空缺激发法**。

这个方法使用时有两个步骤：

一、给出一个问题——降低现实状态

在向客户介绍你的新产品之前，你应该让客户先关注他们自己，让客户意识到自己有一个没有实现的目标，而其中一个方式就是降低他们的现实状态，让他们意识到有这个问题。

"大家是否曾在烹饪时感到手忙脚乱，或者对烹饪过程的烦琐感到烦恼……"

二、给出一个机会——提高期望状态

我们这个产品有机会能够解决这个问题——"我们的产品可以简化烹饪过程"等，吸引了现场的人去倾耳细听。这其实就使用了提高期望状态的方法。

如何通过"大人物"拓客？

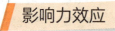

在销售拓客的过程中，很多销售员都有一种感觉，认为自己人微言轻，即使自己的产品质量再好，服务再优，也很难找到更多的客户。这时候，我们就需要借助一点他人的力量，这个"他人的力量"就是"大人物"的影响力，它源于心理学上的**影响力效应**。

影响力效应指的是在人际交往中，人们往往会受到他人的影响，而这种影响在很大程度上取决于影响者的权威性。当我们提到某个行业的权威人士时，他们的言论和行为往往会对我们产生深远的影响，在销售过程中，如果我们能巧妙地利用这种效应，就会更轻松地拓展客户群和增加销售量。

权威推荐法正是基于这种心理学原理而诞生的一种高效的销售方法。它通过引用权威人士的推荐语，来增强产品的信誉度和吸引力。这种方法在销售过程中效果显著，因为它能够迅速建立客户对产品的信任感。

话术一: 利用权威认证

⊗ **普通话术:**
销售员："我们的产品质量非常好，您可以放心购买。"

⊘ **销冠话术:**
销冠："我们的产品不仅获得了 ISO 9001 国际质量管理体系的认证，还得到了 ×× 权威机构的高度评价。这意味着我们的产品从原材料选择到生产工艺都达到了国际标准，确保您购买的每一件产品都是高品质的。"

销售员:"很多名人都用我们的产品,您也知道他们的选择肯定是对的。"

⊘ **销冠话术:**

销冠:"您知道吗?著名影星 ×× 也是我们的忠实用户。他曾在接受采访时提到,我们的产品为他的日常生活带来了极大的便利。像 ×× 这样的公众人物,对产品的选择肯定是非常严格的,这也从侧面证明了我们产品的质量和实用性。"

话术三: 借助专家背书

⊗ **普通话术:**

销售员:"我们的产品是专家推荐的,肯定没错。"

⊘ **销冠话术:**

销冠:"这款产品是由 ×× 博士带领的研发团队精心打造的,他们在该领域拥有数十年的研究经验。×× 博士曾公开发表论文表示,这款产品采用了最新的科技成果,确保为用户提供最佳的体验。"

话术四: 展示合作伙伴

⊗ **普通话术:**

销售员:"我们和很多大公司都有合作。"

⊘ **销冠话术:**

销冠:"我们非常荣幸地与全球知名企业 ×× 公司达成了战略合作伙伴关系。他们选择我们作为合作伙伴,正是看中了我们产品的卓越品质和创新能力,这也进一步证明了我们的产品在市场上的领先地位。"

在销售过程中，我们展示强大的合作伙伴关系，或引用具体的权威认证、名人推荐的方法，可以让客户更加信任产品并产生购买欲望。在实际销售过程中，我们还可以根据具体情况灵活调整话术，结合客户的兴趣和需求进行有针对性的推荐。

巧借"圈子"
之力，开启销售新篇章

圈子效应

在销售行业，销售员面临着激烈的市场竞争，需要不断提升专业技能，以争夺更多的市场份额。然而，除了个人技能外，还有一个被忽视的极其重要的因素——"圈子"的影响力。这个"圈子"由潜在客户、合作伙伴和行业内部人士等组成，形成了一个庞大的社交群体。为了更好地利用这个社交群体，我们需要用到心理学上的**圈子效应**。

圈子效应指的是人们在社交网络中形成的不同群体，这些群体的内部成员之间存在着紧密的联系和共同的兴趣爱好。当我们能够融入这些圈子，并找到与圈内成员相同的频率，就能更容易地建立信任，进而影响他们的购买决策。

同频销售正是基于这种原理而诞生的一种销售策略。它强调销售员要与目标客户保持同频，即了解他们的需求、兴趣、价值观等，从而与他们产生共鸣，促成销售。同频销售的策略主要分为三步：**融入 + 分享 + 销售**，我们简化为"I+S+S"。

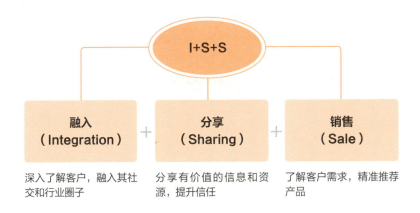

在实际操作中，销售员需要积极融入客户的社交和行业圈子，通过参与相关活动和讨论，建立与客户的初步联系。

在与客户建立联系后，销售员需要善于分享有价值的信息和资源，这不仅能提升在客户心中的专业形象，还能增强客户对销售员的信任感。销售员可以分享行业动态、专业知识，或者任何对客户有益的信息。

在成功融入客户圈子并分享了有价值的信息后，销售员就可以更准确地把握客户的需求，推荐符合他们期望的产品。这一步强调的是与客户的深度沟通和理解，确保销售的产品能够真正解决客户的问题或满足他们的需求。

话术一：融入圈子

"我注意到您在 ×× 行业有丰富的经验，我也对这个行业非常感兴趣。最近有一个行业内的交流活动，不知道您有没有兴趣一起参加？"

话术二：分享价值

"我最近看到一篇关于 ×× 行业发展趋势的文章，内容非常有见地。我想您可能会对这篇文章感兴趣，所以我特意分享给您。"

话术三：同频销售

"我了解到您最近正在寻找一款高效、稳定的产品来提升工作效率。我正好有一款符合您需求的产品可以推荐给您，它采用了最新的技术，能够完美匹配您的工作需求。"

通过"I+S+S"策略，销售员能够更有效地与目标客户建立联系，提升销售效果。同时，这种策略也体现了以客户为中心的销售理念，注重与客户的沟通和理解，而非单纯地推销产品。

免费东西引流拓客

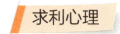

我们都知道，在销售过程中，一个很有用的策略就是"免费试用"，这种策略给消费者带来的吸引力，远远超出了单纯的价格对比。对于销售者来说，客户对"免费"的狂热追求无疑是个大好机会，因为"免费"往往意味着消费的开始，尽管我们都知道，世上没有真正免费的午餐。

我们先回顾一下生活中常见的免费商品或服务：

在办公楼下，常常可以遇到销售员发放免费的洗发水试用装；

在超市里，试吃活动总能吸引大批顾客；

展会现场，免费的手提袋成了参观者的必备；

印有公司 Logo 的新年台历或促销 T 恤，既是宣传也是赠品；

基金公司提供的免费理财讲座，为投资者提供了学习的机会；

手机增值业务的三天免费体验，让消费者先尝后买。

这些"免费"的背后，其实都暗藏了想要销售的策略，那么如何利用"免费"策略，门道可真是不少，应用得好，就能吸引客户成交，应用得不好，可能商家就要自己承担提供免费产品的成本了。因此，聪明的销售员都会利用心理学上的求利心理，促成交易。

求利心理是人心理中的一项共性的特征，这一特性也是经济学研究中对人的基本假设前提之一。一般情况下，只要人们进行了买卖活动，作为购买者就会追求利益最大化或成本最小化，而免费的物品和服务正好迎合了这种心理，从而诱使人们做出非理性的购买决策。

案例：健身房新开业促销。

 ⊗ **普通话术：**

销售员："您好，我们的健身房新开业，现在提供一周的免费体验课程，您可以来试试。"

销冠:"您好!非常欢迎您来到我们全新开业的健身房。为了庆祝我们的盛大开业,并感谢广大市民的支持,我们特别推出了一周的免费健身体验课程。在这一周里,您可以随意体验我们的瑜伽、跑步、力量训练等各种课程,全程由专业教练指导。体验结束后,如果您对我们的课程感到满意,并决定成为我们的会员,我们还将为您提供开业特惠价,并附赠价值×××元的私教课程。"

在这个案例中,普通销售员只是简单地提供了免费体验的信息,而销冠则更加深入地介绍了免费体验的价值,以及体验后可以享受到的特权和优惠。销冠的话术不仅满足了消费者对免费的追求,还通过提供额外的优惠等增值服务,引导消费者进行深入的了解和购买。这个案例也揭示了"免费试用"策略的**关键要素: 不仅要满足消费者对免费的追求,还要提供额外的价值和增值服务,引导消费者进行更深入的了解和购买。**

因此,用"免费试用"策略时,一定要记住这样的话术结构: **先免费+ 后收费**。可以表示为 F2P(Free to Play)+P2P(Pay to Play)。

通过 F2P + P2P 的策略,企业可以吸引更多的潜在客户,客户可以在不承担任何费用的情况下体验产品或服务。一旦客户对产品或服务产生了依赖和兴趣,他们就更有可能转化为付费用户。

如何打造
排队购买情境销售带货？

羊群效应

这样的场景或许我们并不陌生：在一家熙熙攘攘的大卖场广场前，商家正在举办某种商品的促销活动。起初，人们被扩音器里传出的叫卖声吸引，逐渐聚集，最终形成了里三层外三层的人群。

然而，人群聚集之际反而激起了更多人的好奇心。后来的人越发想要挤进人群中，即使他们并不知道里面发生了什么。在大多数人心中，如果这么多人都在关注，那么这个活动必定有其吸引之处，值得自己也去参与。

同样的，当身边的人纷纷拥有了某个物品时，我们往往会觉得自己也应该拥有一件，即使这件物品在我们的生活中并不是必需品，但看到大家都选择了它，我们就会认为它一定有其独特的价值，值得拥有。这就是心理学上的**羊群效应**。

羊群效应是一种社会心理学现象，指的是个体在社会群体中容易受到其他人的影响，从而模仿或者跟随大多数人的选择、观点或行为。当个体面临不确定性或信息不足时，他们倾向于参考他人的决策或行为，以获得一种心理上的安全感和认同感。

在销售过程中，羊群效应无疑是一种强大的心理策略。它利用人们从众的心理特点，通过展示其他人的选择或行为来影响潜在客户的决策。

⊗ **普通话术：**
　　销售员："这款产品是我们店里的热销品，质量上乘，功能齐全，快来看看吧。"

⊘ **销冠话术：**
　　销冠："来来来，各位亲爱的朋友们，快看这里！ ×× 大咖推荐的商品，仅剩最后 20 单了，错过今天，你可能再也遇不到这样的好机会了。质量和性价比，我可以用四个字来形容——无与伦比！手快有，手慢无，抓紧时间抢购吧，别让这个机会从你手中溜走！"

那么，使用羊群效应，最主要的是什么呢？找到**"领头羊"**。

在现实生活中，我们经常会发现，很多人都会跟着"领头羊"走，尤其是在面对一些不确定的选择时。那么，在销售过程中，如何找到并培养自己的"领头羊"呢？

首先，要识别出那些有影响力的人。这些人可能是某个领域的专家、意见领袖，也可能是社交媒体上的达人等。他们拥有大量的关注者和粉丝，他们的观点和行为往往能够影响到很多人的决策。因此，找到这些人并与他们建立合作关系，是打造排队购买情境的关键。

其次，要关注那些已经购买了你的产品或服务，并对此表示满意的顾客。这些人可以成为你的"活广告"，通过他们的口碑传播，吸引更多的潜在顾客。因此，对于这些满意的顾客，我们应该给予更多的关注和回馈，比如，提供 VIP 服务、赠送礼品等，让他们成为你产品的忠实拥有者和"领头羊"。

最后，我们还可以利用社交媒体等渠道，扩大"领头羊"的影响力。

比如，在各种社交平台上发布与"领头羊"相关的内容，展示他们的观点、体验和反馈，吸引更多的关注和互动。同时，我们还可以鼓励"领头羊"在自己的社交媒体上分享购买体验、晒单等，进一步增加品牌的曝光度和信任度。

第十一章

不同类型的销售人员与客户

销售人员与客户之间的对话，不仅仅是简单的商品推介，更是一场心理与情感的较量。不同类型的销售人员在面对不同类型的客户时，需要运用截然不同的话术策略。了解客户的性格类型和心理需求，是每一个销售人员必须修炼的内功。

　　在这一章里，我们将深入探讨不同类型的销售人员与不同类型的客户之间的互动方式，揭示客户最喜爱的销售特质，同时剖析那些令客户反感的销售行为。更重要的是，我们将学会如何快速辨识客户类型，并根据 PDP 性格测试中五种不同类型的特点及内心需求，量身定制专属的话术策略。从老虎型客户的果敢决断，到孔雀型客户的社交魅力，再到考拉型客户的稳健协调，以及猫头鹰型客户的深思熟虑，最后是变色龙型客户的灵活多变，我们将一一剖析并提出应对之道，与各种类型的客户建立深度连接，从而实现销售与服务的双赢。

客户最讨厌的三种销售类型

销售，一个需要高超技巧与敏锐洞察力的职业，销售员的销售技巧往往能直接影响客户的购买决策和公司的业务成果。在销售过程中，一些不恰当的行为举止很可能会让客户感到不悦，甚至导致客户的永久流失。现在我们就来看看，客户最讨厌的三种销售类型，以此提醒我们要时刻警惕，避免成为客户避之唯恐不及的"销售雷区"。

第一种，太强势。

在销售过程中，销售员往往希望通过强有力的推销手段快速促成交易。然而，过分强势的销售态度很容易让客户感到被强迫，从而产生反感和抵触情绪。例如，有些销售员会单方面地为客户做决定，说一些"您今天就充值三倍，当次免单多划算"之类的话语，虽然出发点可能是好的，但却忽略了客户的自主选择权。

一个更为温和且有效的销售策略是，给出建议的同时，也尊重客户的选择。比如，"您今天充值或下次充值都可以，不过今天充值三倍的话，这单可以免掉，而且这也是我们当前的优惠活动，您看怎么样呢？"这样的表达既传达了活动的优惠性，也给予了客户充分的决定权。

第二种，"吃相"太难看。

销售的本质应该是满足客户的需求，而非单纯地追求业绩。如果销售员三句话不离业务和钱，很容易让客户觉得过于功利，"吃相"难看。想象一下，一名汽车销售员在向客户推荐汽车时，仅仅只介绍汽车的性能和价格，还不断询问客户的预算和购买意向，这种急功近利的做法往往会让客户感到压力和不适。

相反，一名资深的汽车销售顾问会在与客户交流时，先了解客户的家庭状况、工作性质及日常用车需求。比如，对于有孩子的客户，他会重点介绍汽车的安全性能和宽敞的后座空间；对于经常需要长途驾驶的客户，他会强调汽车的舒适性和油耗效率。通过这样的深入交流，他不仅能准确把握客户的需求，还能为客户提供更加贴心的购车建议。

销售员应该学会聊天时多关心客户，深入了解他们的真正需求和期望，而不是一味地推销产品。通过提供人性化和个性化的服务和建议，销售员可以与客户建立更深层次的关系，从而实现长期合作与共赢。

第三种，势利嘴脸。

以外表穿着来衡量客户，看人下菜碟，提供差异化服务。这本质上是不尊重客户，也是客户最讨厌的销售类型，很多客户都是这样被销售员给气到，转身就到对家那里去下单。倒不是多喜欢竞争对手的产品，就是单纯地讨厌这个销售员的行为，并且因为他对这个品牌也有了不好的印象。

其实，销售工作并非简单的商品交易，而是一门需要高度技巧和人性洞察的艺术。销售员要时刻提醒自己，避免成为上述客户最讨厌的三种类型。通过真诚地关心客户需求、尊重客户选择、提供一致服务，销售员才可以建立起稳固的客户关系，从而实现销售业绩的持续增长。在这个竞争激烈的市场中，只有真正理解并满足客户需求的销售员，才能赢得客户的青睐并建立长期的友好合作关系。

客户最喜欢的销售类型

在销售领域里，有一种销售员特别受客户喜欢，他们身上散发着一种难以言喻的松弛感。这种松弛感，不是懒散，而是一种从容不迫的气质，一种不急不躁的态度。他们不功利、不着急、不强势，更不咄咄逼人。那么，他们是如何做到的呢？

松弛感的奥秘

松弛感，看似随意，实则是一种高超的销售艺术。拥有松弛感的销售员能够轻松地抓住客户的心，让客户不由自主地跟着他们的思路走。他们不刻意讨好，能顺其自然地促成交易。这种能力的背后是对客户需求的深刻理解和对产品的充分信心。

那么，如何培养这种松弛感呢？其实，**关键是保持自我，坚守利他原则，以真诚的态度对待每一位客户**。这样，才能真正拉近与客户的距离，赢得他们的信任和喜爱。

一、提升配得感

在销售过程中，很多销售员会陷入自我怀疑的困境。他们可能觉得自己的专业知识不足，或者对自己的产品缺乏信心。然而，要成为一名优秀的销售员，我们必须培养"高配得感"的心理信念。

在我们的领域，我们是最专业的，或者一定比客户更专业。我们的产品可能价格稍高，但这正是我们的优势所在，因为我们提供的是高品质的产品和服务。当客户来到我们面前时，他们可能是各自领域的精英，但在销售这个领域，我们才是专家。我们应该有信心解决他们遇到的问题，并为他们提供最佳的解决方案。

二、降低期望值

在与客户沟通时，我们应该保持开放的心态，不要对结果有过高的期望。销售是一个复杂的过程，结果会受到多种因素的影响。因此，我们应该以中等强度的期望来面对每一次沟通，不强求一次就能拿下客户。这样，我们才能更加专注于客户的需求，提供更加贴心的服务。

三、回归自然力

在销售过程中，我们可能会遇到各种挑战和困难。有时，客户可能会拒绝我们，甚至讨厌我们。然而，作为一名优秀的销售员，我们必须学会保持内心的平静，不要担心被拒绝或被讨厌，更不要因此而否定自己。我们应该享受自己的职业和角色，相信存在即合理。

当我们以这种自然、真诚的态度去面对客户时，我们会发现他们更容易接受我们的产品和服务。因为我们的松弛感让他们感到舒适和放松，从而更容易建立信任和合作关系。

当然，成为客户最喜欢的销售员并不是一件容易的事情。它需要我们不断地学习和实践，培养自己的松弛感，提升专业能力。只要我们坚守利他原则，用真诚和自然的态度去面对每一位客户，我们就可以赢得他们的喜爱和信任。在这个过程中，我们不仅能够实现自己的职业目标，还能为客户带来真正的价值和满足感。

快速辨识客户类型

我们知道，销售的艺术归根结底是关于人的艺术，洞察人性是销售成功的关键。**"熟知人性，乃销售之道。"**尽管网络上有一些通过星座或血型来揣测客户性格的方法，但这显然并非稳妥之法。

那么，如何更科学地识别客户的性格类型呢？市面上存在许多性格测试方法，比如，广为人知的"九型人格测试"，这些方法都有其独到之处。然而，从销售的专业视角出发，我们更推崇一种名为 Professional Dyna-Metric Programs（PDP）的行为特质动态衡量系统。该系统深入剖析个人的行为特征、活力、动能，以及在不同压力下的精力和能量变化。PDP 独辟蹊径，依据个体的天生特质，将人们划分为五大类型：支配型、外向型、耐心型、精确型和整合型。为了更直观地描绘这些类型，还为它们赋予了生动的动物形象 —— 老虎、孔雀、考拉、猫头鹰和变色龙。想象一下这些动物，你是否已经能够大致勾勒出每种类型的性格特点了呢？

当我们在与客户交流陷入僵局时，或许可以尝试一种新方法：根据客户的特性来进行一个小测试。这样，我们就能大致判断客户属于哪种性格类型。掌握了这一点，我们就可以采用针对该类型客户的沟通技巧，从而打破销售障碍，顺利达成交易。同样，这个测试也适用于销售员自身。只需将测试中的"他"换成"我"，就能了解自己的销售类型，进而更好地调整自己的销售策略。这种灵活应用不仅能帮助我们更深入地理解客户，也能提升我们的销售技巧。

现在，我们可以使用下面的问卷进行测试。

1. 他做事是一个值得信赖的人吗？

　　A. 完全不同意　B. 比较不同意　C. 不确定　D. 比较同意　E. 完全同意

2. 他的个性温和吗？

　　A. 完全不同意　B. 比较不同意　C. 不确定　D. 比较同意　E. 完全同意

3. 他非常有活力吗？

　　A. 完全不同意　B. 比较不同意　C. 不确定　D. 比较同意　E. 完全同意

4. 他善解人意吗？

　　A. 完全不同意　B. 比较不同意　C. 不确定　D. 比较同意　E. 完全同意

5. 他很独立吗？

　　A. 完全不同意　B. 比较不同意　C. 不确定　D. 比较同意　E. 完全同意

6. 他受人爱戴吗？

　　A. 完全不同意　B. 比较不同意　C. 不确定　D. 比较同意　E. 完全同意

7. 他做事认真且正直吗？

　　A. 完全不同意　B. 比较不同意　C. 不确定　D. 比较同意　E. 完全同意

8. 他很富有同情心吗？

　　A. 完全不同意　B. 比较不同意　C. 不确定　D. 比较同意　E. 完全同意

9. 他有说服力吗？

　　A. 完全不同意　B. 比较不同意　C. 不确定　D. 比较同意　E. 完全同意

10. 他很大胆吗？

　　A. 完全不同意　B. 比较不同意　C. 不确定　D. 比较同意　E. 完全同意

11. 他是个做事精确的人吗？

　　A. 完全不同意　B. 比较不同意　C. 不确定　D. 比较同意　E. 完全同意

12. 他适应能力强吗？

　　A. 完全不同意　B. 比较不同意　C. 不确定　D. 比较同意　E. 完全同意

13. 他的组织能力强吗？

　　A. 完全不同意　B. 比较不同意　C. 不确定　D. 比较同意　E. 完全同意

14. 他积极主动吗？

　　A. 完全不同意　B. 比较不同意　C. 不确定　D. 比较同意　E. 完全同意

15. 他很容易害羞吗？

　　A. 完全不同意　B. 比较不同意　C. 不确定　D. 比较同意　E. 完全同意

16. 他强势吗？

　　A. 完全不同意　B. 比较不同意　C. 不确定　D. 比较同意　E. 完全同意

17. 他镇定吗？

　　A. 完全不同意　B. 比较不同意　C. 不确定　D. 比较同意　E. 完全同意

18. 他很喜欢学习新东西吗？

　　A. 完全不同意　B. 比较不同意　C. 不确定　D. 比较同意　E. 完全同意

19. 他反应快吗？

　　A. 完全不同意　B. 比较不同意　C. 不确定　D. 比较同意　E. 完全同意

20. 他性格外向吗？

　　A. 完全不同意　B. 比较不同意　C. 不确定　D. 比较同意　E. 完全同意

21. 他是个注意细节的人吗？

　　A. 完全不同意　B. 比较不同意　C. 不确定　D. 比较同意　E. 完全同意

22. 他爱说话吗？

　　A. 完全不同意　B. 比较不同意　C. 不确定　D. 比较同意　E. 完全同意

23. 他的人际协调能力好吗？

　　A. 完全不同意　B. 比较不同意　C. 不确定　D. 比较同意　E. 完全同意

24. 他做事很勤劳吗？

　　A. 完全不同意　B. 比较不同意　C. 不确定　D. 比较同意　E. 完全同意

25. 他很慷慨大方吗？

　　A. 完全不同意　B. 比较不同意　C. 不确定　D. 比较同意　E. 完全同意

26. 他处事很小心翼翼吗？

　　A. 完全不同意　B. 比较不同意　C. 不确定　D. 比较同意　E. 完全同意

27. 他令人愉快吗？

　　A. 完全不同意　B. 比较不同意　C. 不确定　D. 比较同意　E. 完全同意

28. 他传统吗？

　　A. 完全不同意　B. 比较不同意　C. 不确定　D. 比较同意　E. 完全同意

29. 他亲切吗？

　　A. 完全不同意　B. 比较不同意　C. 不确定　D. 比较同意　E. 完全同意

30. 他的工作非常有效率吗？

　　A. 完全不同意　B. 比较不同意　C. 不确定　D. 比较同意　E. 完全同意

以上各题的选项分值为：A=1，B=2，C=3，D=4，E=5。请按照以下计算规则统计得分，找到对应的性格类型。

第一项:（第5、10、14、18、24、30题得分相加），得分（　　　）对应性格类型——**老虎**

第二项:（第3、6、13、20、22、29题得分相加），得分（　　　）对应性格类型——**孔雀**

第三项:（第2、8、15、17、25、28题得分相加），得分（　　　）对应性格类型——**考拉**

第四项:（第1、7、11、16、21、26题得分相加），得分（　　　）对应性格类型——**猫头鹰**

第五项:（第4、9、12、19、23、27题得分相加），得分（　　　）对应性格类型——**变色龙**

结论: 他的主要性格类型是 ＿＿＿＿＿＿＿＿＿＿＿＿＿＿＿＿

PDP 性格测试解读:

●如果某项的分数远远高于其他四项，他就具备该性格类型的典型属性。

●如果某两项的分数明显超过其他三项，他就同时具备这两种性格类型的典型属性，依此类推。

●如果某项的分数特别低，其他项的分数相对平均，他就缺乏该性格类型的典型属性。

PDP 性格测试中五种类型特点及他们的内心需求

现在，我们再来了解一下这些性格类型都有什么特点和内心需求。在实际的销售中，我们根据这些性格类型的特点，找出客户的内心需求，是不是关于销售的难题就迎刃而解了呢？

PDP 性格测试中五种类型特点及他们的内心需求：

老虎型（支配型）

性格特点：

自信、果断，有决断力。

目标导向，注重实质回报。

喜欢挑战，追求更大、更好、创新和开拓性的事物。

勇于冒险，敢于直面问题核心。

领导能力强，擅长危机处理。

不喜欢接受命令，喜欢发号施令。

内心需求：

渴望权力和声望，希望成为领导者并受到他人的尊重和认可。

需要控制感和成就感，喜欢看到自己的决策和行动带来的成功。

孔雀型（外向型）

性格特点：

热情洋溢，善于社交。

表现欲强，喜欢在人群中表现自己。

富有创造力，思维敏捷。

好奇心强，喜欢学习和尝试新事物。

容易分心，但也能快速转移注意力。

乐观向上，能够感染和影响他人。

内心需求：

渴望得到他人的注意和赞美，享受成为焦点的感觉。

需要自由和创造空间来发挥自己的想象力和创新能力。

考拉型（耐心型）

性格特点：

温和、稳定，容易相处。

善于倾听和理解他人，同理心强。

避免冲突，寻求和谐的人际关系。

深思熟虑，做事有条理，不容易受突发事件的影响。

具有很好的自我调节能力和心理平衡能力。

对知识、文化和情感有较高的追求。

内心需求：

渴望稳定和谐的环境，以及能够维持这种环境的安全感。

需要被理解和接纳，希望自己的付出能够得到他人的认可和尊重。

猫头鹰型（精确型）

性格特点：

注重细节，条理清晰，善于分析和思考。

思维敏捷，逻辑性强，对数据和信息非常敏感。

追求完美和卓越，对自己和周围的事物有很高的要求。

做事有计划、有步骤，不喜欢被打乱。

保守、谨慎，不轻易冒险或做出决定。

在团队中起到规划和监督的作用，确保项目的准确性和高效性。

内心需求：

渴望秩序和精确性，希望所有的事情都能按照计划和规定进行。

需要被尊重和认可其专业知识和分析能力。

变色龙型（整合型）

性格特点：

适应性强，能够迅速适应不同的环境和情境。

善于观察和感知他人的需求和情绪。

灵活多变，善于处理复杂的人际关系和情况。

具有很好的沟通协调能力和整合资源的能力。

在团队中起到桥梁作用，促进团队成员之间的合作和交流。

缺乏强烈的个人意识形态，往往以中庸之道为生活准则。

内心需求：

渴望被接纳和认可，希望能在不同的环境和人群中自如地切换角色。

需要和谐稳定的人际关系，以及能够灵活应对各种情况的能力。

根据上文的分析，我们知道了客户的性格分为这几类，下面我们来看一下针对不同性格类型的客户，我们的话术是什么样的。

直截了当：拿下老虎型客户

经过深入剖析老虎型客户的性格特征，我们发现**他们倾向于迅速行动，热衷于快速解决问题，并且喜欢迎接新的挑战**。这类客户通常性格果断、好胜，并且乐于掌握权势，往往表现出冒险家的特质。值得注意的是，他们通常不太愿意与销售员建立过于亲密的私人关系，但对于销售员提供的信息和产品，他们会给予极高的信任。

老虎型客户在选择时喜欢有一定的选择权，因此，为他们提供几种精选的方案，并辅以专业的建议和证据，将有助于他们做出决策。这类客户往往是决策性人物，行事干脆利落，所以我们提供的选择不宜过多，以免显得拖沓，通常最多提供三个选项。此外，老虎型客户非常务实，他们更关注实际效果而非理论。因此，在与他们交流时，我们必须做好充分准备，避免过度推销或浪费时间。

时间对老虎型客户来说非常宝贵，他们具有很强的时间观念。在与他们沟通的过程中，我们要特别注意对时间的把控，尤其是在介绍产品、公司和传达重要信息时，务必做到简洁明了，直击要点。

许多销售员都认为与老虎型客户沟通相对顺畅，因为他们做决策时干脆果断，不会像其他类型的客户那样犹豫不决。然而，这一特点虽然有利于销售，但在其他方面对销售员却提出了挑战。

在销售过程中，面对老虎型客户，销售员往往会遇到两种截然不同的情况：一种是客户非常健谈，但在这种情况下，他们往往不善于倾听，这就要求销售员必须具备高超的专业知识和出色的沟通表达能力。另一种情况则是客户表现得极为沉默和冷静，言语稀少。当新手销售员面对这种沉默寡言的老虎型客户时，他们常常会感到紧张不安。同时，与其他类型的客户不同，老虎型客户在沟通不畅时，往往不会给出明显的反馈或动作来表达自己的不满或看法。他们可能会在整个交流过程中保持沉默，不给予销售员任何回应。这种情况在拥有庞大规模企业的客户中尤为常见，他们气场强大，给销售员带来了不小的压力。如果销售员是新手或者准备不充分，面对这样的客户，沟通和谈判的过程很容易失衡和变得困难。

因此，在面对老虎型客户时，销售员应该遵循三个核心原则：

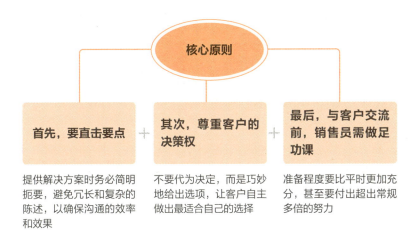

核心原则

首先，要直击要点

提供解决方案时务必简明扼要，避免冗长和复杂的陈述，以确保沟通的效率和效果

其次，尊重客户的决策权

不要代为决定，而是巧妙地给出选项，让客户自主做出最适合自己的选择

最后，与客户交流前，销售员需做足功课

准备程度要比平时更加充分，甚至要付出超出常规多倍的努力

虽然老虎型客户常常给人以严肃、冷漠甚至冷酷的表象，但深入了解后我们会发现，他们内心深处其实充满激情，性格中也不乏温和的一面，而且性格直率、坦诚，相处起来反而更加轻松。当然，初次接触时可能会感到有些困难，因为他们不像其他客户那样善于迎合和掩饰，而是坚守自己的原则和立场。但请记住，若准备不足或试图用不恰当的方式争取他们的信任，很可能会适得其反，触及他们的底线，那样的结果将是灾难性的。

巧做决策：搞定孔雀型客户

在销售过程中，我们时常会碰到善于交际的孔雀型客户。与他们交流总是愉快且富有活力，他们能将细微的琐事讲述得引人入胜，让聆听成为一种乐趣。孔雀型客户还倾向于将销售过程看作一场融合了欢笑与温情的电影。他们认为销售应该是有趣且愉悦的，直接切入产品、合同或价格等实际问题对他们而言显得过于直接和乏味。他们更希望在销售过程中体验到愉快的聊天氛围。因此，在面对这类客户时，我们应**避免直接触及销售的核心议题**。

我们的策略是先与客户展开轻松的对话。那么，谈些什么呢？答案就是客户热衷的话题。例如，如果客户是个美食爱好者，我们可以探讨各地的饮食文化和特色小吃；如果客户喜欢运动，那我们可以聊聊健身和相关的趣事……通过这样的交流，我们不仅能够与客户建立深厚的情感联系，还能为后续的销售奠定良好的基础。

但是，这种愉悦的氛围也带来了一个挑战：如何在保持轻松氛围的同时，有效地引导决策，推动销售进程。

一、我们要明确孔雀型客户的核心需求

他们追求的是社交的乐趣和情感的满足。因此，在交流过程中，我们需要时刻保持对他们的关注，用温暖和同理心去倾听他们的故事，分享他们的喜悦。这样，我们才能与他们逐渐建立信任和情感联系。

二、与客户建立了深厚的情感联系后，我们就可以开始巧妙地引导决策

一种有效的方法是通过分享与产品相关的有趣的故事或体验，将产品融入轻松愉快的对话中。例如，如果我们销售的是一款高端手机，我们可以谈论手机如何帮助用户捕捉生活中的美好瞬间，分享一些令人惊叹的照片或视频，这样，客户就能在不经意间感受到产品的魅力，从而

产生购买的欲望。

三、我们需要注意避免直接触及销售的核心议题。

孔雀型客户更喜欢在轻松愉快的氛围中做出决策，我们应该通过分享、建议和引导的方式，逐步将客户引向正确的决策方向。只有这样，我们才能在保持愉悦氛围的同时，有效地引导决策，完成销售目标。

具体话术：

> **开场阶段：**
>
> "您今天真是光彩照人，一定有什么好事发生吧！"（赞美客户，拉近关系）
>
> "最近有什么新鲜事想分享吗？我很愿意听听您的见闻。"（鼓励客户分享，营造轻松愉悦的氛围）
>
> **引导话题阶段：**
>
> "您之前提到的那次旅行经历真是太有趣了，让我想起了我的一次旅行。不过说到旅行，我最近发现了一款非常适合旅行携带的产品，您有兴趣了解一下吗？"（巧妙地从客户兴趣转移到产品上）
>
> "您这么追求生活品质，我相信您一定会对这款产品感兴趣。它不仅能提升您的生活品质，还能让您在朋友中脱颖而出。"（将产品与客户追求的品质生活相联系）
>
> **帮助决策阶段：**
>
> "我看您对这款产品很感兴趣，现在购买还有限时优惠哦。错过今天，可能就要等很久了。"（利用限时优惠刺激客户决策）
>
> "这款产品真的很适合您，不仅能满足您的需求，还能展现您的个性。而且我们的售后服务也非常周到，您完全可以放心购买。"（强调产品的个性化和售后服务，增强客户信心）

这些话术旨在与孔雀型客户建立良好的沟通和信任关系，同时巧妙地引导客户关注产品并做出购买决策。在实际应用中，要记得根据客户的具体情况和反应进行灵活调整。

赢得考拉型客户的信赖之道

在销售领域里，每个客户都扮演着自己独特的角色，其中考拉型客户因其谨慎和较强的逻辑性思维而独树一帜。他们通常不会轻易表露自己的意图，而更倾向于在缺乏深厚信任基础时保持观望态度。那么，如何赢得他们的信任呢？

我们要认识到考拉型客户的性格特点：**他们温和却严谨，对事物有着近乎完美的要求，他们善于捕捉细节，对任何变化都异常敏感**。因此，与他们沟通时，我们必须展现出同样的专业和严谨，言行举止都要经过深思熟虑。

深度倾听与细致观察

考拉型客户喜欢被倾听和理解。他们希望销售员能够关注他们的需求，而不仅仅是推销产品。在与这类客户交流时，销售员需要表现出充分的理解和耐心，仔细聆听他们的观点和疑虑。通过深度倾听，销售员可以更好地把握客户的需求和期望，为提供定制化的解决方案打下基础。

同时，细致观察也是与这类客户建立信任的重要手段。销售员需要敏锐地捕捉客户的非言语信号，如表情、肢体动作和语气等，以获取更多的信息。这些信号往往能够揭示客户的真实想法和感受，帮助销售员更好地调整销售策略。

建立信任与保持一致性

对于考拉型客户来说，信任是建立长期合作关系的基础。销售员需要通过专业的知识和可靠的行为来赢得对方的信任。在销售过程中，销售员需要保持前后一致，避免给客户留下不稳定的印象。同时，销售员还需要遵守承诺，及时履行承诺，以展示自己的可靠性和诚信。

渐进式销售与灵活应变

由于考拉型客户的决策过程较为缓慢，所以销售员需要采取渐进式销售策略。这意味着销售员需要耐心地与客户建立关系，逐步引导客户认识到产品或服务的价值。在销售过程中，销售员还需要灵活应变，根据客户的反馈和需求调整销售策略。

利用客户优势与创造合作机会

尽管考拉型客户的决策速度较慢，但他们一旦做出决策，通常会表现出极高的稳定性。销售员需要充分利用这一优势，通过提供优质的产品和服务来赢得与客户长期合作的机会。此外，考拉型客户通常拥有良好的人际关系和组织能力，销售员可以借此机会与他们合作，共同开拓市场或组织活动，实现互利共赢。

当面对考拉型客户时，我们可以采用以下话术策略来建立信任和促成销售：

场景1：建立初步联系时。
"张先生，听说您是这个行业的引领者，选产品肯定眼光独到。我很希望能听听您对我们产品的看法和建议。当然啦，我也会好好给您介绍我们产品的特色和优势，帮您做明智的选择。"

场景2：回应客户委婉拒绝时。
客户："嗯，你们的产品听起来还不错，不过我暂时不需要。"
销冠："张先生，我完全理解。其实，我们也不急着让您现在就买。我们更希望等您有需要的时候，能第一时间想到我们。在这之前，我会给您分享一些行业动态和产品更新，您要是有什么疑问或需求，可以随时告诉我。"

场景 3：利用客户逻辑性强的特点进行产品介绍。

"张先生，我知道您选东西很看重逻辑和实用性，所以在给您介绍产品时，我会重点说说它的科学设计和实用功能。这款产品采用了先进的 ×× 技术，能帮您解决 ×× 问题，提高效率和降低成本。"

场景 4：邀请客户参与销售过程。

"张先生，我特别看重您的意见和建议，在整个销售过程中，我会跟您保持紧密联系，随时了解您的想法和需求。当然啦，我也很欢迎您给我提建议，让我们的产品和服务更加完善。"

场景 5：巩固客户的信任和忠诚。

"张先生，真的太感谢您对我们的信任和支持了。我们会继续努力，给您提供最好的产品和服务让您满意。以后有问题或需要帮助，随时找我们，我们真心希望能和您建立长期的合作关系。"

搞定猫头鹰型客户的话术

当我们遇到那些深思熟虑、善于分析的思考者猫头鹰型客户时，我们必须采取独特的策略来与他们建立联系。他们如同夜晚的猫头鹰，静静地观察、思考，不会轻易被外界所影响。为了赢得他们的信任，我们需要更加精心地策划，用细致入微的话术来引导他们，让他们从心底接受我们的产品和服务。

猫头鹰型客户**总是以结果为导向**，他们不仅对产品或服务本身进行深入考察，还会思考这些产品或服务是否能够满足他们的具体需求和期望。他们渴望了解产品的每一个细节，即使是一些看似微不足道的细节，他们也会反复琢磨。在这个时候，作为销售员，我们不能让他们陷入无休止的细节探讨，而是要迅速且巧妙地将话题引向我们产品所能带来的核心价值。

在猫头鹰型客户的购买决策中，**降低风险是他们非常重视的一个因素**。为了让他们安心，我们需要向他们提供详尽的保证书和服务说明书。这些文件不仅要包含产品的详细信息，还要用事实和数据来支撑我们的承诺。

在与猫头鹰型客户打交道时，我们必须**特别注意自己的态度和行为方式**。和老虎型客户不同，猫头鹰型客户通常对那些过于热情或单刀直入的销售员持有反感的态度。他们更倾向于独立思考，自主解决问题，而不希望被销售员牵着鼻子走。因此，我们在与他们交流时，应保持冷静、客观且专业的态度，尊重他们的思考过程和独立性，不过分推销或施加压力，以一种合作共赢的心态来与他们建立关系。

猫头鹰型客户的特征非常明显：**他们通常具有较高的学历和素质，整体形象专业而严谨；他们善于分析，对数字极为敏感**。因此，在与他们交流时，我们需要尽可能地使用准确的数据和事实来支持我们的观点。此外，他们的智商和情商都很高，这使他们在处理问题时能够保持冷静和客观。与这类客户打交道，对销售员的能力和专业度提出了很高的要求。

为了更好地满足猫头鹰型客户的需求，我们在接触他们之前必须做好充分的准备。除了深入了解他们的需求和痛点之外，还需要全面掌握产品的特点、优势以及与其他竞争产品的差异。同时，准备一些具体的案例和数据也非常重要，这些数据不仅可以用来支持我们的观点，还能让猫头鹰型客户更加直观地感受到产品的价值和优势。

场景：销售员向一家企业的采购经理（典型的猫头鹰型客户）推销一款新的办公管理软件。

⊗ 普通话术：
"我们的办公管理软件功能强大，操作简便，能够帮助您的企业提高工作效率，节省成本。现在购买还有优惠活动，千万不要错过呀！"
⊘ 销冠话术：
"我理解您作为采购经理在选择办公管理软件时会非常注重软件的实用性和性价比。我们的软件经过严格的测试和市场验证，具有以下几大优势：一是它的任务管理功能能够帮助员工明确工作职责，减少沟通成本；二是通过数据分析功能，您可以实时监控工作进度，做出更明智的决策。根据我们的客户反馈，使用我们的软件后，企业的工作效率平均提升了 20%，而且员工之间的协作也更加顺畅。这些数据都是经过第三方机构验证的，您可以随时查看。所以，选择我们的软件，不仅是选择了一个工具，更是选择了一个能够助力企业发展的智能伙伴。"

由上面案例可以看出，针对猫头鹰型客户的话术需要更加具体和详细，通过列举软件的具体功能、客户反馈的数据，以及第三方机构的验证结果，来增强产品的可信度。同时，也强调了产品的实用性和性价比，符合猫头鹰型客户做出购买决策的标准。这样的对比话术能够更好地吸引猫头鹰型客户的注意力，提高销售成功率。

灵活应变，掌握变色龙型客户的心

在销售过程中，变色龙型客户因其善变与难以捉摸的特质而颇具挑战性。他们如同丛林中的变色龙，能够迅速适应环境变化并调整自身态度，这让销售员很难准确把握他们的真实想法和需求。然而，只要销售员掌握一些关键的应对技巧，便能够在这场"捉迷藏"式的销售活动中占据主动，顺利达成销售目标。

为了有效应对变色龙型客户，销售员需要做到以下几点：

首先，需要具备敏锐的洞察力和灵活的应变能力。

销售员需要细心观察客户的言行举止，捕捉那些微妙的情绪变化，从而及时调整销售策略。此外，建立稳固的信任关系也至关重要。销售员应展现真诚的态度、专业的知识和优质的服务来赢得客户的信赖。在交流过程中，销售员要保持耐心，认真倾听客户需求，并积极解答疑问。

其次，销售员还需学会灵活调整销售策略。

当客户表现出不同情绪或需求时，销售员应迅速调整话术和方案，以满足客户的期望。例如，当客户表现出兴趣时，销售员应深入介绍产品的特点和优势；当客户产生疑虑时，则应及时解答并消除顾虑。

最后，销售员需要保持积极的心态。

销售员要相信自己的能力和价值，并坚信只要付出努力，就能赢得客户的认可和信任。在面对挑战和失败时，销售员要学会从中吸取经验教训，不断完善自己的销售策略。

场景1：客户突然改变主意。

普通销售员："您之前不是说对这个产品很感兴趣吗？怎么又突然改变主意了？"（这种语气会让客户感到被质问，从而产生防御心理）

销冠："我注意到您对产品的兴趣似乎有所变化，是不是我哪里没有解释清楚，或者您有哪些新的考虑？我很愿意再和您详细讨论一下。"（这种开放且非指责性的提问方式更容易让客户打开心扉）

场景 2 : 客户表现出疑虑。

普通销售员:"您不用担心,我们的产品绝对没有问题。"(这种回答显得空洞,没有具体解决客户的疑虑)

销冠:"我了解您的疑虑。其实,很多客户在最初都会有类似的担心。但您知道吗,我们的产品经过了 ×× 项严格测试,并且获得了 ×× 认证,这些都是产品质量的保证。如果您还有其他问题或疑虑,我会一一为您解答。"(通过提供具体的信息和解决方案来消除客户的疑虑。)

场景 3 : 客户态度冷淡。

普通销售员:"您怎么都不说话啊?是对我们的产品不感兴趣吗?"(这种直接地询问会让客户感到尴尬和不舒服)

销冠:"我注意到您的态度似乎有所保留,是不是我哪里介绍得不够清楚?或者您更关心产品的哪些方面,我愿意根据您的需求,再为您详细介绍一下。"(通过询问和引导,让客户更愿意表达自己的想法和需求)

场景 4 : 客户提出苛刻要求。

普通销售员:"您这个要求太苛刻了,我们可能无法满足。"(这种直接拒绝的方式会让客户感到不满)

销冠:"我完全理解您的需求。虽然这个要求对我们来说确实有一定的挑战,但我们会尽力寻找解决方案。同时,我也想了解一下,您提出的这个要求是不是不可替代?我们是否可以一起讨论其他可能的方案?"(通过与客户共同讨论解决方案,展示灵活性和合作精神)

通过以上的话术对比,我们可以看出在应对变色龙型客户时,应更加注重沟通技巧和更好地理解客户需求。销售员应该以开放、灵活和合作的态度与客户进行交流,从而更好地满足客户需求并建立长期合作关系。

第十二章

人人都是销售
高手

销售的路是一条漫长而艰险的路。我们常常以为，人生做对了几个高光时刻的重大选择就能一帆风顺。但真实生活中却没有那么多高光时刻，即使有，也是由一个个小选择铺就而成的。

销售人员应该给自己一个什么样的自我定位？销售中为什么需要有意识地进行印象管理？从事销售工作应该如何应对发展短板？如何利用除产品之外的销售筹码？销售之路上的自我觉醒又是什么？要想成为一个销冠，我们又要养成哪些好的习惯？现在我们就来探讨一下。

销冠的自我定位

在我们的销售队伍中，通常有这样的现象，80% 的业绩往往由 20% 的销售员完成。这些顶尖的销售员不仅创造了大量的业绩，还获得了与之相对应的回报。那么，是什么让这 20% 的人如此出色呢？

我们先来看一个熟知的管理学法则——**二八法则**，这是由 19 世纪末意大利经济学家帕累托揭示的。他在对 19 世纪英国社会各阶层的财富分布进行深入分析后提出：社会财富的 80% 被仅仅 20% 的人群所掌握，而剩余 80% 的人只共享了 20% 的财富，因此被称为二八法则，又称**帕累托定律**。

这一法则揭示了生活中普遍存在的不均衡现象，不仅在管理学领域，在销售领域中也是如此。由此得出，销售的成功并不归功于所有人的平均表现，而是归功于少数顶尖人员的卓越表现。因此，销售员要想在职业生涯中取得成功，就必须努力跻身于这 20% 的精英行列。

目标定位：成为顶尖销售员

要想成为一名成功的销售员，先要给自己一个明确的目标，那就是成为一名顶尖的销售员，站在金字塔的顶端。只有树立了这样的目标，才能有足够的动力去追求卓越。

心理准备：扮演顶尖销售员的角色

在追求卓越的过程中，心理准备至关重要。美国一位银行家曾经说过："你要先扮演一个角色，然后才能真正成为那个角色。"销售员要想成为顶尖的销售员，先要在心理上进入这个角色，相信自己有能力达成目标。

行动准则：坚持做好每一件小事

优秀与普通的差异往往在于一些看似微不足道的小事。顶尖的销售员之所以能够成功，往往是因为他们能够坚持将这些小事一遍又一遍地做好。这些小事可能是与客户沟通的技巧、产品知识的掌握、市场分析的准确性等。

强化理论: 自我强化与持续进步

强化理论是行为科学中的一个重要概念，它指出行为的结果会对行为本身产生影响。对于销售员来说，每一次成功的销售都是对自我能力的强化。

我们可以学习以下策略和方法:

设定小目标: 循序渐进地提升

为了实现大目标，销售员需要为自己设定一系列小目标。这些小目标应该是具体、可衡量和可实现的。通过不断地实现小目标，销售员可以逐步提升自己的销售能力，最终达成大目标。

不断学习: 提升专业素养

销售是一个需要不断学习的职业，销售员需要不断地更新自己的产品知识、市场信息和销售技巧。通过不断学习，销售员可以与市场保持同步，提升自己的专业素养，从而更好地满足客户需求，实现销售业绩的提升。

建立人脉: 拓展客户群体

人脉是销售员的重要资源。通过建立广泛的人际关系，销售员可以拓展自己的客户群体，提高销售业绩。同时，人脉还可以提供宝贵的信息和支持，帮助销售员更好地应对市场变化和挑战。

保持热情: 激发内在动力

热情是销售员成功的关键因素之一。只有对销售工作充满热情，销售员才能保持动力和激情，不断追求卓越。为了保持热情，销售员需要不断地调整心态，积极面对工作中的挑战和困难。

销售是一项需要不断追求卓越的职业。明白二八法则，进行自我定位，销售员可以明确自己的目标和方向，从而实现从普通到卓越的跨越。

销冠的思维模式

在销售行业中，成功的销售员通常具备一种无法言喻的特质，这使他们在众多同行中脱颖而出。这种特质并非单纯地依靠技巧、经验或运气，而是一种深层次的思维模式。拥有这种思维模式使销冠能够迅速适应市场变化，抓住每一个销售机会，而普通销售员则可能在不知不觉中错失良机。

这些差异主要体现在以下方面。

1. 问题解决方式

普通销售员：遇到问题时，寻找外部原因，如产品质量差、客户要求过高等，将问题归咎于他人或外部条件。

销冠：面对问题时，先是从自身找原因，思考如何改进销售策略或服务方式以满足客户需求。他们更倾向于主动解决问题，而不是被动应对。

比如，当一个潜在客户表示对产品不感兴趣时，普通销售员会认为是客户不懂产品或者需求不匹配；而销冠则会反思自己的销售方法，尝试调整话术或演示方式，以便吸引客户。

2. 目标设定与追求

普通销售员：往往满足于完成基本的销售任务，对更高目标的追求不够强烈。

销冠：设定明确且富有挑战性的目标，并持续努力实现这些目标，对成功的渴望和动力更强烈。

比如，在设定季度销售目标时，普通销售员往往会选择一个相对容易达成的目标；而销冠则会设定一个更高的目标，并制订相应的行动计划去实现它。

3. 客户关系建立与维护

普通销售员：更侧重于单次交易，对与客户建立长期的合作关系的重要性认识不足。

销冠: 注重与客户建立长期的合作关系, 通过持续的服务和沟通来提升客户信任度。

比如, 在完成一次销售后, 普通销售员已经转向下一位潜在客户了; 而销冠则会定期回访已购买客户, 了解其使用情况并提供进一步的支持和服务。

4. 学习与自我提升

普通销售员: 对持续学习和自我提升的重要性认识不足, 容易满足于现状。

销冠: 始终保持对新知识和技能的渴望, 积极寻求提升和成长的机会。

比如, 面对市场产品或销售策略的变化, 普通销售员只会被动等待公司培训或指导; 而销冠则会主动寻找相关资料和资源进行学习, 以便更快地适应市场变化。

5. 应对市场变化的能力

普通销售员: 在面对市场变化时, 可能会感到困惑和不安, 不知道如何应对, 缺乏自主应对的能力。

销冠: 对市场变化持有敏锐的洞察力, 能够快速适应, 并制定相应的销售策略。他们善于从变化中寻找机会, 不断提升自己的市场竞争力。

比如, 当市场突然出现竞争对手时, 普通销售员可能会感到焦虑和无助; 而销冠则会分析竞争对手的优势和不足, 调整自己的销售策略, 更好地满足客户需求。

6. 抗压能力

普通销售员: 在面对工作压力和挑战时, 可能会感到沮丧和挫败, 容易放弃和逃避问题。

销冠: 拥有强大的抗压能力, 能够在困难面前保持冷静和乐观。他们善于将压力转化为动力, 不断挑战自己的极限。

比如, 在面对连续多次的销售失败时, 普通销售员会怀疑自己的能力; 而销冠则会反思自己的销售方法, 寻找失败的原因, 并继续努力去达成销售目标。

综上所述，普通销售员和销冠的思维差异，使销冠能够更好地适应市场变化，从容地面对挑战和压力，保持积极向上的心态，从而取得更好的销售业绩。因此，对于想要成为销冠的人来说，培养这些优秀的思维方式和能力至关重要。

销售要有良好的心态

在人生的征途中，每个人都会面临无数的选择与挑战，而决定我们能否顺利前行的，往往不是脚下的路，而是心中的灯。在销售这条充满变数与机遇的道路上，能够稳定前行、持续发光发热的人，往往都拥有一颗强大而稳定的心。心态不仅是面对挑战的武器，更是迈向顶峰不可或缺的阶梯。

优秀的销售员应具备的心理素质。

1. 从容应对拒绝的心态

在销售工作中，被拒绝是家常便饭。优秀的销售员需要具备从容应对拒绝的心态，将拒绝视为正常现象，而非对个人能力的否定。不因为一次拒绝而气馁，更不会因此放弃其他潜在的客户。这种心理素质的修炼，是优秀的销售员必备的一项技能。

2. 释放紧张与恐惧的能力

紧张与恐惧是销售工作中常见的情绪。优秀的销售员需要学会释放这些负面情绪，时刻保持冷静与自信。他们明白，紧张与恐惧往往来自对未知的担忧和对结果的过度期待。因此，他们会在工作中不断锤炼自己的心理素质，使自己在任何情况下都能够保持镇定与从容。

3. 平常心对待成败得失

在销售工作中，成败得失是常有的事。优秀的销售员会用一颗平常心对待这些结果，不会因为一时的成功而沾沾自喜，也不会因为一时的失败而一蹶不振。他们明白，每一次的成败得失都是积累经验的过程，只有不断总结与反思，才能在未来的销售工作中更加游刃有余。

那么，如何培养良好的销售心态呢？

1. 增强自信，积极面对挑战

自信是销售员最重要的心理素质之一。销售员要相信自己的产品，相信自己的能力，这样才能在面对客户时表现得自信与从容。同时，积极面对挑战也是培养良好销售心态的关键。销售员需要勇于接受各种挑战，通过不断尝试与实践来提升自己的销售技能与心理素质。

2. 保持学习，不断提升自我

销售是一个需要不断学习的工作。销售员需要不断了解市场动态、掌握客户需求、学习新的销售技巧与方法。通过不断学习与提升自我，销售员可以更加从容地应对各种销售场景与挑战，从而培养良好的销售心态。

3. 调整心态，保持积极乐观

在销售工作中，销售员难免会遇到各种挫折与困难。因此，调整心态、保持积极乐观的态度尤为重要。销售员需要学会从失败中吸取教训，从挫折中寻找机会，以更加饱满的热情与信心投入未来的销售工作中。

总之，销售工作是一场心态的较量。一个优秀的销售员不仅需要具备扎实的销售技能与专业知识，更需要拥有良好的心态与心理素质。通过培养从容应对拒绝的心态、释放紧张与恐惧的能力，以及平常心对待成败得失的品质，销售员可以在这个充满挑战的职业中脱颖而出，成为销售领域的佼佼者。

你的形象价值百万

在销售领域，形象不仅是一种外在的展现，更是一种无形的资本，其价值不亚于任何一项销售技巧。销售员通过精心的印象管理，为自己塑造一个专业、可靠且吸引人的形象至关重要。

说到印象管理，我们必须提到一个心理学中的效应——**晕轮效应**，也称为光环效应，指的是人们在对他人进行认知判断时，首先会根据个人的好恶来得出一个初步印象，然后从这个初步印象出发，推论出该人的其他品质。

如果初步印象是积极的，那么这个人就会被"好"的光环笼罩着，并被赋予各种积极的品质；相反，如果初步印象是消极的，那么这个人就会被"坏"的光环笼罩着，并被认为具有各种消极的品质。正是由于这种心理效应的存在，销售员对于自身的印象管理就显得非常重要。

销售员的形象塑造是一个综合性的过程，它不仅涵盖了个人的外观装扮，还包括自信心的建立、良好言谈举止的养成、个人气质的提升，以及专业领域知识的储备。这一过程并非单一交易环节的附属品，而是一个独立且关键的体系。

销售员的形象塑造主要包括以下几方面。

1. 在商务场合中，销售员应注意自己的着装

避免过于随意或仅根据个人喜好选择服装。正式的着装不仅向客户传递了尊重和重视的信息，还能更好地融入商务环境。

2. 销售员的言谈举止也是塑造客户印象的关键因素

在沟通中，良好的言谈举止不仅能展现一个人的内涵，更能赢得客户的尊重和信任。优秀的言谈技巧有助于拉近与客户的距离，促进彼此的了解和亲近。

在与客户交流时，优秀的销售员还能运用幽默的话语和热情的态度来营造和谐的沟通氛围，从而给客户留下亲切、易相处的印象。然而，与销售员的日常闲聊不同，在商务沟通中，仅有幽默和热情是不够的。

3. 销售员还需要向客户传递专业的知识和信息，以展现自己的专业素养和能力

如果一个销售员缺乏优秀的专业素养和丰富的专业知识，那么即使他拥有再出色的外貌和装扮也无济于事。因为这些内在的不足很快就会在与客户的交流中暴露出来，给客户留下"外表华丽但内在空洞"的印象。

4. 在印象管理中，销售员的自信心也是一个不可忽视的方面

自信心是进行有效沟通的基础，同时也是塑造可靠和专业形象的重要条件。一个缺乏自信心的销售员很难让客户对其销售的产品或服务产生信任感。

自信心是一种心理状态的外在表现，它源于个体对自我认知和判断的肯定态度。虽然自信心并非与生俱来，但通过不断锻炼和学习，个体可以逐渐培养和保持这种心理品质。拥有自信心并不意味着要完全消除恐惧和焦虑，而是要相信自己有能力克服这些挑战和困难。

当然，在销售过程中展现自信心需要把握适当的尺度。过度的自信或不分场合的自信很容易被视为自负，而自负则会给客户留下不专业、不可靠的印象，自负也最容易让人联想到挑衅和狂妄自大。

由此可见，销售员的形象管理是一个系统工程，涉及外表、谈吐、专业知识和自信心等方面。通过精心塑造和优化个人形象，销售员不仅能够提升销售业绩，还能够在客户心中留下深刻的印象。在这个竞争激烈的销售市场中，记住：**你的形象，价值百万**。

销售人生中如何扬长避短

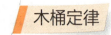
木桶定律

在销售领域中，每个人都怀揣着成功的梦想，希望成为顶尖的销售精英。但是"金无足赤，人无完人"，一个人不可能在所有方面都达到同样的高度。每当我们在销售过程中遇到失败和挫折时，常常会对自己产生疑问，是不是不适合从事销售这份职业？

这个时候，我们需要了解一个管理学上的概念——**木桶定律**。这个定律由美国管理学家彼得提出，他用一个形象化的比喻揭示了成功的秘密：一个由多块木板构成的木桶，其盛水量的多少并非取决于最长的木板，而是受限于最短的木板。在这个比喻中，木桶的最大容量象征着整体的实力和竞争力。对于个人而言，决定其发展速度和取得成就大小的，往往不是其最有优势的一面，而是那些必需但不擅长的短板。

这个时候我们就需要正确审视和动态应对短板。
首先，我们需要确定目前的短板是否可以避免。
如果短板并非既定模式下的必要要素，那么我们可以考虑将其移除，重新构建一个更加合理的"木桶"。这就是为什么人们常说扬长避短，因为避短通常比补短更容易、更有效率。

其次，如果在既定模式下短板是不可或缺的部分，那么我们可以考虑是否重新选择或构建一种新模式。
俗话说，条条大路通罗马，成功并非只有一种模式。我们可以根据自身现有的条件重新勾画出最优模式，而不是强迫自己必须按照现有的某一套模式去改变自我。

最后，我们还需要认识到短板并非一成不变。在某些情况下，优势与劣势可以在重新选择的过程中相互转化。

有一位图书销售员，他说话稍有口吃。通常，人们可能认为这样的人在销售行业难以立足。然而，这位销售员巧妙地利用了自己的特点。每当他带着图书去推销时，一张口就是"我……我……这个图书的亮点在于……在于……"正因为他有这个问题，所以常常会让听他说话的人比较着急想听到他后面的话，更愿意静下心来，专注地听他讲述。而他凭借自己丰富的专业知识和独特的表达方式，成功赢得了众多客户的信任和购买欲，达成了出色的销售业绩。

所以，当我们面对自身短板时，要通过确定短板是否可以避免、重新选择或构建新模式，以及化劣势为优势等方式来优化我们的"木桶"结构，提升整体实力。同时，我们也不能忽视那些优良品质特征和基本知识技能等必不可少的影响因素。只有这样，我们才能在成功的道路上不断前行，勇攀高峰！

产品之外的销售筹码——人格魅力

销售，这一看似以数字和利润为驱动的行业，其实背后隐藏着更为深层的交流艺术。人格魅力往往成为决定交易成败的关键。那么，什么是人格魅力？它又为何会成为销售中的一大筹码呢？

人格魅力，简言之，就是一个人在性格、品质、态度等多方面流露出的吸引力。这种魅力不仅仅是外在的容貌或举止，更多的是一种内在的修养和气质。我们说某人具有人格魅力，通常指的是他或她具有一种让人愿意接近、信任和尊重的特质。

想象一下，你走进一家汽车展厅，两位销售员同时迎了上来。第一位口若悬河，不停地推销各种车型和功能；而另一位则先询问你的需求和预算，然后给出专业的建议。哪一位更能赢得你的信任？显然是后者。因为这位销售员展现了尊重、专业和真诚，这些都是人格魅力的体现。

人格魅力的构成主要有以下四大支柱。

1. 真诚与尊重

在销售的每一个环节，真诚都是无法伪装的。只有当你真心实意地对待客户，尊重他们的每一个需求和决定，你才能与客户建立稳固的信任关系。这种信任是任何销售策略都无法替代的。

2. 专业与知识

深入地了解产品和对市场的敏锐洞察，能让销售员为客户提供真正有价值的建议。这种专业性不仅是对自己工作的尊重，更是对客户负责的表现。一个专业的销售员总能轻易赢得客户的信赖和好评。

3. 沟通与倾听

销售中的沟通绝不仅仅是单方面的陈述和推销，更重要的是学会倾听，真正理解并把握客户的真实需求和想法。只有这样，才能提供最为精准和贴心的服务。

4. 坚韧与耐心

销售之路往往充满挑战和困难。一个优秀的销售员必须具备坚韧不拔的意志和无尽的耐心。因为成功往往需要时间和努力的双重积累。

由此可见，销售不仅是一场商业战争，更是一场人格魅力的较量，真正能够打动人心的，往往是那些无形的、却又无比强大的力量。因此，作为销售员，不妨多花些时间在修炼自己的人格魅力上，毕竟在销售的战场上，这往往是你最强大的筹码。

当然，人格魅力的培养并非一蹴而就，它需要我们长期努力和坚持。我们要时刻保持学习的热情，不断提升自己的专业素养和人际交往能力。只有这样，我们才能在销售的道路上走得更稳、更远，才能创造更多的可能性和获得成功！

销售之路的自我觉醒

从走上销售之路的那一天起，我们就要为自己打气，一定要坚持到底，获得成功，因为销售是一项非常有挑战性的职业，也是普通人能够逆袭成功的捷径。以小博大，一枚硬币就可获得满座金山。可是，真的是这样吗？你有没有权衡过**"机会成本"**？

有时候，坚持并不总是带来胜利。

在职业的征途上，我们难免会遇到发展瓶颈，尽管我们倾尽全力，但结果可能不尽如人意。我们也时常会回想起那些因一时冲动而做出的、事后看来并不明智的决定，例如，误判未来的销售趋势而使自己陷入困境，或因犹豫不决而错失良机。

面对这些挫折，有些人不解其因，久久不能释怀；有些人则归咎于运气，不愿直面背后的真相。事实上，我们每一个行为的背后都有其心理动因。很多时候，正是某些潜藏在我们心底的、存在偏差的心理倾向，导致我们陷入困境。在这些心理因素的影响下，我们往往会做出错误的决策，采取非理性的行动。

认清这些心理误区并不会立即带来成功，但它可以帮助我们少走弯路。销售员的自我提升是一个需要不断领悟和长期坚持的过程，而我们最常陷入的心理误区就是那句耳熟能详的话语——坚持就是胜利。这句话听起来总是那么振奋人心，而且越想越觉得正确。然而，这种片面性的观念在很多人的心理上留下了一种负面的条件反射，它在很大程度上阻碍了人们的追求与发展。

为了佐证"坚持就是胜利"这一观点，我们来看一个关于挖井的故事。

两个人一起挖井找水，一个坚持不懈地在一个地方挖，最终找到了水；而另一个则不断变换挖井地点，最后一无所获。

这个故事建立在一个假设之上：挖井的地方确实有水源，并且能在挖井者累死之前被挖出。

如果这个假设不成立，地下根本没有水或者水源很深，那么故事的结局就会大相径庭。那个坚持不懈挖井的人可能会因为不懂得变通而徒劳无功。

我们再来看一个寓言故事：

一个人在房间里四处寻找丢失的金币，当被问及为何不在可能丢失金币的草地上寻找时，他回答说因为那里没有灯光。

这种"刻舟求剑"式的坚守和"守株待兔"般的勇气虽然可嘉，但缺乏智慧的思考注定无法找到丢失的金币。

这个寓言故事告诉我们**方向比距离更重要，选择比努力更重要**。在选择坚持之前我们应该判断事情的正确性和可行性。如果方向选择存在偏差，那么越是执着坚持就越可能走向悲剧的结局。

在我们面对生活和销售工作时，要能够持有一种客观的态度，保持一种觉醒的状态和具备觉察的能力。

对事情进行判断和衡量，值得坚持的事情要坚持。而在有些情况下，勇于放弃是为了做出更明智的选择，这也是一个销售员在工作中应该具备的一种心理素质。正如美国哲学家爱默生所说："愚蠢的坚持是心胸狭小者的心魔。"适时放弃是为了更好地前行。

销冠必备的五个好习惯

在销售领域，那些达到顶峰的销售员被尊称为"销冠"。他们之所以出类拔萃，往往是因为一些看似简单却至关重要的好习惯。因为拥有好的习惯就会有好的行动，好的行动才能达到好的结果。那么，作为销冠，有哪些好习惯呢？

一、善于思考

在销售行业中，深思熟虑是至关重要的。销售员必须学会透彻分析，并时常进行自我反省，如同古人所言"吾日三省吾身"。鉴于我们每天都需要接触大量客户，工作日程紧密且工作时间漫长，因此，养成善于思考的习惯显得尤为重要。有些人说自己每天都在进行思考，但若未能取得显著效果，那很可能是因为这种思考尚未转化为一种习惯。

那么，如何将思考转化为一种习惯呢？关键在于当思考成为一种习惯时，它将不再受时间的束缚，而是随时随地自然发生。这时，思考已经渗透你的每一个细胞，贯穿于你的每一项工作中，真正成了你生活的一部分。

二、勤于总结

与思考不同，总结更侧重于提炼精髓。我们要培养每天对业务活动进行总结的习惯，这包括客户反馈总结、销售业绩总结，以及个人表现总结等方面。有时候，总结能力直接影响到销售效率，因为销售的关键是如何在有限的时间内迅速取得成果。而抓住重点，实际上就是一个总结与提炼的过程，尤其是对产品独特价值的提炼。因此，从这个角度看，总结能力无疑也是一种强大的销售力。

三、早睡早起

众多顶尖销售员的生活作息都极其规律，他们不会经常熬夜，也不会早晨起床困难。销售工作是体力与脑力的双重挑战，因此，合理分配体力至关重要。若想保持良好的精神状态，关键要有充足的休息。杰出的销售员深知如何调整自己的身体状态，多数都养成了早睡早起的习惯，毕竟"一日之计在于晨"。再者，早起者往往能把握更多的机遇，因为当你还在睡梦中时，别人可能已经先行一步，占据了先机。因此，养成早起的习惯对于销售员来说意义非凡。

四、养成记笔记的习惯

我们常说："好记性不如烂笔头。"做笔记可以帮助我们详细记录销售的每一个环节，为我们后续的分析提供极大的便利。此外，这个看似简单的习惯实际上蕴含着一种销售礼仪。因为记笔记这个动作，不仅仅是在帮助自己记忆，更是在向客户传递你对他们的尊重和重视。

尤其是当你面对高素质、高职务的客户时，记笔记的重要性就更加凸显。如果你在商谈价值几十万元的大合同时，连笔记都不做，这可能会让客户觉得你对这次合作并不上心，甚至可能被视为不尊重。所以，简单的记笔记也蕴含了深层的意义。

五、养成乐于分享的习惯

所有的顶尖销售员都具备一种付出的心态，他们愿意贡献、给予，并乐于将所知毫无保留地与他人分享。这种行为的背后原因是什么呢？答案是分享实际上是一种极为有效的学习方法。分享是一个双向的过程，在将知识和经验传授给他人的同时，我们自身也在不断地学习和进步。因此，如果你渴望学到更多，那么先要学会的就是分享。

当然，这些好习惯的养成并非一蹴而就，需要长期坚持和实践。如果你也想成为销冠，不妨从培养这些好习惯开始。

销售之路，如何选择？

很多时候，我们最常问的人生问题就是"如何选择"。在那么多的职业中，我们为什么要选择做一名销售员，这个问题你是如何回答的呢？其实任何选择背后都有三个底层思维：**如何看待自己，如何看待他人，如何看待机会和欲望。**

如何看待自己

我初入销售行业时，看到许多同行通过高超的销售技巧和大额业绩成了行业中的佼佼者。我尝试过他们的销售方法，但效果并不理想，那时我有些自我怀疑，甚至开始否定自己。后来，我意识到，既然他们的销售方法不适合我，那我就应该寻找适合自己的销售策略。因此，我专注于自己的优势，并持续努力，终于在某个季度成了公司的销冠。

分享这些经历，我想说的是，在销售行业中，我们总要面对很多外部的竞争和压力，但真正能够决定我们命运的，是我们对自己的认知和定位。很多人会负面评价自己，认为自己不够好，缺乏经验、资源和资历。但我建议大家要更多地看到自己的优势，而不是劣势。

很多时候，我们过于关注自己的不足，习惯性地将自己的缺点与他人的优点进行比较。然而，每一个销售员都有着自己的优势和特点，我们需要做的就是将其转化为自己的销售技巧。从行业新秀到销售大师，他们都有自己独特的销售技巧和策略。**因为真正的成功，不是简单地模仿他人，而是找到适合自己的销售方法，并将自己的优势发挥到极致。**

如何看待他人

看待他人有很多角度，可敌可友，可亲可疏，把每一个人都看成老师和伙伴。其实，我们所接触的每一位客户都拥有独特的需求和经验，如果我们善于提问，就相当于以极低的成本吸取他们经过时间沉淀的宝贵见解。

或许有人会说，我所在的销售环境并没有那么多高端客户或者行业大拿，这个理论是否适用呢？实际上，只要我们保持开放的心态，就能发现每一位客户，无论其背景如何，都有值得我们学习的地方。标签和身份并不重要，重要的是他们背后的故事和需求，以开放的心态去接触每一位客户，你就会发现，每一个人都有可能成为你的销售导师。

如何看待机会和欲望

在销售行业中，每个销售员的业绩和职业发展千差万别，即使在相同的销售环境和资源下，有些人能够频频开出大单，有些人只能勉强维持生计。这并不是因为某些销售员更幸运，而是因为销售之路是由无数个微观决策铺就而成的。

销售并不是一个线性的过程，不是仅靠几个关键的决策或技巧就能取得成功。每个销售员都需要面对各种具体的问题和情境，做出适合自己的选择，这些选择看似微小，但每一个不同的决策都会带来截然不同的结果。

为什么有些销售员能够脱颖而出呢？一是他们注重每一个细节，即使是看似微不足道的小决策，也会全力以赴。二是成功的销售员懂得选择做什么和怎么做。他们不仅会选择合适的客户和市场进行开发，还会注重销售过程中的每一个环节，从接触客户、了解需求、推荐产品到谈判签约等，都会力求做到最好。这种对品质的追求和对细节的把控，正是他们能够在销售行业中脱颖而出的原因。

然而，销售行业并非通过单纯的努力就能取得成功。我们需要提高自己的整体认知，选择适合自己的销售策略和目标客户。如果我们只是盲目地跟随市场的热门趋势或者模仿其他销售员的成功模式，很可能会陷入内卷化的竞争之中，反而难以取得突破。